期货超短线交易培训手记

(第二版)

宋志强 著

地震出版社
Seismological Press

图书在版编目(CIP)数据

期货超短线交易培训手记/宋志强著. —2版. —北京：地震出版社，2019.12

ISBN 978-7-5028-5073-9

Ⅰ.①期⋯　Ⅱ.①宋⋯　Ⅲ.①股票投资–基本知识　Ⅳ.①F830.91

中国版本图书馆 CIP 数据核字(2019)第 100185 号

地震版　XM4411/F(5791)

期货超短线交易培训手记（第二版）

宋志强　著
责任编辑：薛广盈　吴桂洪
责任校对：凌　樱

出版发行：地震出版社

　　北京市海淀区民族大学南路9号　　　　邮编：100081
　　发行部：68423031　68467993　　　　传真：88421706
　　门市部：68467991　　　　　　　　　　传真：68467991
　　总编室：68462709　68423029　　　　传真：68455221
　　证券图书事业部：68426052　68470332
　　http://seismologicalpress.com
　　E-mail: zqbj68426052@163.com

经销：全国各地新华书店
印刷：廊坊市华北石油华星印务有限公司

版（印）次：2019年12月第二版　2019年12月第四次印刷
开本：787×1092　1/16
字数：152千字
印张：10.25
书号：ISBN 978-7-5028-5073-9
定价：42.00元

版权所有　翻印必究

（图书出现印装问题，本社负责调换）

再 版 序

光阴荏苒，本书自第一版出版以来，匆匆之间已过去了六年。在此期间，我陆续收到大量读者朋友的反馈，他们对"超短线"这种交易策略，表示出了极大的兴趣，也给予了很高的评价。在此，本人表示衷心的感谢！

与此同时，也有许多读者朋友提出了一些问题，趁着这次再版的机会，我对一些相对比较集中的问题做一个解答。

其中问得最多一个问题就是，超短线策略是否也适用于其他期货合约的交易？比如商品期货、外盘期货，甚至还有朋友问，这个策略是否也适用于虚拟货币的交易。实际上，这个问题在本书第一版的前言当中就已经讲清楚了，"这本书主要针对股指期货，确切地说，就是针对沪深300股指期货而撰写的。不过聪明的读者，自会举一反三，并不就此认定，本书所倡导的基本原则，不能被运用到其他的交易品种中去。"

那么，何以还有这么多的读者会问到这个问题呢？可能还是心理上有一些顾虑的缘故吧，所以才有了这么一问。有的读者甚至问得更为详细，一定要我告诉他，具体还有哪几个品种可以运用本书所讲的交易策略。

对于这些问题，我只能从原则上给予解答，"凡是成交活跃、振幅较大、费用低廉的期货合约"都可以运用本书所讲的策略。比如，有的朋友就将这一套理念，运用到了螺纹钢期货、苹果期货的交易中，也都曾经取得过非常可观的战绩。注意，我在这里用的"曾经"二字，这不是没有原因的。

为什么说，我只能从原则上回答呢？一方面，因为我并没有关注所有的期货品种，因而对于自己不熟悉的品种，也不敢妄加评论，以免误人子弟。

另一方面，也是因为此一时彼一时，期货市场是一个不断变化的市场，因而这种策略的效果也会随之而发生变化，甚至也会变得毫无用武之地。

能够影响超短线策略发挥效果变化的，大致可以分为两种情形：一种情形是属于正常的变化，这就是在某一阶段活跃的品种，过了一段时间又变得不那么活跃了，比如天然橡胶、螺纹钢，就是这样。另一种情形则是来自于政策方面的调控，当某一期货品种"过分"活跃了，以致引起了交易所、监管层的注意，接下来的事情，也是大家都知道的，可能就会大幅度地提高交易成本的水平，这样就会导致不再适合运用这种策略了，这种情形最为典型的莫过于股指期货，2015年6月股价暴跌后，股指期货就没有办法再正常进行日内交易，更不要说超短线交易；还有苹果期货也属于同样的情形，尽管还能正常交易，但再坚持超短线交易，效果就会差很多。基于上述原因，我也只能从原则上给予解答，否则，就有可能会发生类似"刻舟求剑"的错误。

还有一个关键问题，也是读者问得比较多的，就是问开仓的时候，还要注意哪些细节？这个问题实际也隐含在本书的有关章节里面，也应该是讲清楚了的，并不存在本人有所保留，还有什么秘诀没有告诉读者的情形。

对于这些读者，我想说的是，超短线交易还是要尽可能地保持简单化。在交易的当下，操盘手只需要专注于"1分钟K线"当下变动的速度与力道就可以了，其他的都是分心的因素。关注得越多，反而越会分心，效果也就会越差。

之所以还有许多读者问到这个问题，应该还是心理上感觉不放心的缘故。这种情形，就好像我们去看一幅三维立体图，如果你问我，看出其中隐含图形的秘诀何在？我只能说，你只需要专心致志地观看就行了，至于更多的观察技巧，实际上是不存在的，或者说，到了这个地步，其中细微的感觉，已经是只可意会难以言传。

当你看不出所以然的时候，怎么办？答案只有一个，继续平心静气地观看，直到你看出所以然为止。这个时候，不要瞻前顾后，不要见异思迁，也不要心存怀疑。当你看不到的时候，呈现在你眼前的，就始终是一幅平面的、混乱的、毫无意义的图案而已。如果你看不到，你可以试着调整一下眼睛的焦距，可以将图案拉近，或者推远，反复调试。直到你看到的那一刻，其中立体的、有意义的图案，就会立刻"跳"出来。当你看不出所以然的时候，你可能会怀疑一切；直到你顿悟的时候，你也就明白了一切，从此将再也不会有任何的怀疑。因为从那一刻起，你已经掌握了一些内在的技巧。当你再次重复的时候，你将不会再像刚入门时那样困难，你几乎可以毫不费力地再次体会到那样的感觉。

超短线交易策略，需要关注的东西非常简单，不过简单并不代表容易，这是完全不同的两个概念。同样你也不能指望，看过了我的书之后，就会立竿见影地使你的交易水平发生一个质的飞跃。可能会很快地登堂入室，也可能还要有很长的一段路要走。这一切都要看你个人究竟是如何练习的了，这种练习与智力水平无关，与刻苦程度无关，也与你已经掌握的交易知识的多少无关，关键还是要看你是否真的能够沉下心来，用心去领悟。

除了上述两个问题，还有一些读者会问，这种策略是否能够一直坚持做下去？这个问题，实际包含有两层意思：第一层意思与第一个问题类似，答案也就不再赘述了。第二层意思则是一个比较超前的问题，也就是说，这是应该在能够通过这种策略盈利之后问的问题。第二层意思的实质就是问，超短线策略能够容纳多大的资金量。

毋庸讳言，超短线交易策略到了一定的金额，的确会由于短时成交量的缘故而受到一些影响，至于具体资金大到什么程度就会受到明显的影响，这同样也不好给出一个统一的标准，要视每个市场的大小而定，也要视期货合约的阶段性变化而定。如果你受到了一定的影响怎么办？实际上也很好解决，到了那个时候，你如果不是那么急功近利的话，可以始终保持一定的资金在市场上交易，而将多余的、盈利的部分源源不断地取出来。假如你志存高远，你也可以转战到一个更大、更为活跃的市场去；如果最大的、最活跃的市场仍然不能满足你，这时你也许就真的需要改变策略了。

　　这是一个超前的问题，在你还没有入门之前，完全没必有这方面的顾虑。即使你入门了，资金还没有高到一千万人民币以上，应该也不需要考虑这个问题。

　　最后，再次衷心祝愿大家交易顺利！

宋志海
2019 年 10 月 26 日

序　言

我们常说，有人的地方就有心理、就有心理活动。在证券投资领域里从投资者的投资行为到谈判、新操盘手的培训、良好心态培养、证券投资领域的员工管理与激励等，无一不是心理活动。

传统金融理论的基本假设是：投资者是理性的、市场是完善的、投资者是追求效用极大化的，并能对未来的经济进行理性预测。事实上由于知识结构、社会背景经历、个性特征、特定情景下的心理状态和情绪等方面原因，投资者是不可能只有理性模式，每个人都或多或少地会有这样或那样的认知偏差，我们常说到的证券投资领域的过度自信、后悔厌恶、羊群行为、心理账户等就是真实的写照，市场不可能是完善的，大多数投资者并不具备对未来经济进行理性预测的能力。

近年来西方金融理论发展了一个新的分支——行为金融学，其特点是应用心理学、社会学的研究成果与方法对传统金融学的理论进行修正，把人的心理因素研究与投资行为结合起来进行分析，使我们的金融研究前进了一大步。

本书的作者是一个勤奋、好学且善于思考、乐意接受挑战的人，他通过自己多年来在证券投资领域几进几出的亲身经历和经验、感悟汇聚成了这一本书，其中也掺杂一些行为金融学理论，可读性强，对证券投资者有一个很好的借鉴价值和指导意义，对我们思维方式的调整和投资定势的改变有很好的帮助。

2011 年 12 月 22 日

前　言

欧洲有句古老的谚语"条条道路通罗马",说明了一个道理,成功的方式不止一条。然而在金融交易这个领域里,细心的读者不难发现,目前所有通往"罗马"的道路,似乎都要经过一座桥梁,这座桥梁就是"技术分析"。

真的非得如此吗?不一定!作者就发现了一条道路,根本无须经过"技术分析"这座桥梁,结果通往"罗马"的路程,不仅毫无南辕北辙之虞,反而更加便利了。这是一条已经简捷到了不能再简捷的道路。概而言之:在超短线交易当中,一个操盘手只要保持心态的平和、坚守正确的投资策略,仅仅依靠直觉就可以取得相当不错的业绩。

仅仅依靠直觉就能盈利?是不是有点玄啊?但是事实确实如此,一个操盘手根本无须掌握任何的技术分析工具,只要冷静地观察,然后凭着直觉采取行动,就完全可以盈利。技术分析一点用处也没有吗?对于超短线交易来说,不仅一无是处,而且还会起到一定的副作用。如果有谁想要从事超短线风格的操作,就应该尽快地、彻底地把技术分析抛到一边。

本书主要针对股指期货,确切地说,就是针对沪深 300 股指期货而撰写的。不过聪明的读者,自会举一反三,并不就此认定,本书所倡导的基本原则,不能被运用到其他的交易品种中去。

最后再说一点,本书的体例并非一个浑然天成的整体,而是由相互关联又相互独立的两部分组合而成的。第一部分记述了作者从事交易以及培训的一些经历,第二部分则是有关超短线交易培训的讲义。如果读者不想浪费时间，尽可以直奔主题，直接阅读第二部分。倘若有谁还想见闻一个饶有兴味的故事，那么抽出一些时间，翻阅一下第一部分，无疑将有助于更好地理解第二部分的去脉来龙。

非常感谢读者朋友阅读本书，如果你能从本书中领悟到"大道至简"的道理，并由此提升了你的交易业绩，作者将会感到无比欣慰。

目 录

第一部分　作者的交易与培训历程 ························· 1

第一章　与期货邂逅 ·· 3
第二章　跟期货公司讨价还价 ··· 17
第三章　在莘庄搞培训 ··· 29

第二部分　超短线交易培训精讲 ··································· 41

第四章　超短线交易的原理 ·· 43
　　期货交易的诞生 ··· 43
　　期货交易的特点 ··· 44
　　期货交易是"零和"游戏 ·· 45
　　稳定盈利依靠什么？ ·· 47
　　为什么依靠直觉就可以？ ·· 48
　　稳定盈利必须讲究策略 ··· 50
　　超短线交易的理念 ··· 52
　　心理状态最关键 ··· 54

第五章　培训的理念 ·· 56
　　培训之前的告诫 ··· 57
　　先要做够一定的数量 ·· 58

多做单、快做单的好处 …………………………… 59
审视每天交易的质量 ……………………………… 61
树立对亏损的正确观念 …………………………… 64
必须严格止损 ……………………………………… 65
日常培训需要注意的问题 ………………………… 67
向实盘交易过渡 …………………………………… 68

第六章 操盘的手法与技巧 …………………………… 70
交易界面的选择 …………………………………… 70
抢价格的技巧 ……………………………………… 72
变动不居之中的支点 ……………………………… 73
看图方式的改良 …………………………………… 74
两种不同的做单手法 ……………………………… 77

第七章 止损的困扰 …………………………………… 82
怎么又没及时止损？ ……………………………… 82
止损与自尊的问题 ………………………………… 86
不能果断止损的危害 ……………………………… 87
大资金同样要止损 ………………………………… 89
止损的技巧 ………………………………………… 90
止损的额度 ………………………………………… 92
不止损是不自信的表现 …………………………… 95
根本的解决之道 …………………………………… 96
广义止损更重要 …………………………………… 98

第八章 技术分析的副作用 …………………………… 100
技术分析只不过是哈哈镜 ………………………… 101
技术分析并不好用 ………………………………… 104
依然是心态的问题 ………………………………… 106
技术分析的反作用 ………………………………… 109

第九章　自信心最重要 ········· 112
一则寓意深刻的三国故事 ········· 113
面对利益难以自持 ········· 115
情绪的破坏性 ········· 116
不要低估情绪的力量 ········· 118
余热效应引发情绪变化 ········· 119
种种不和谐的噪音 ········· 121
自信心的培养 ········· 124

后　记 ········· 127
附录一 ········· 128
附录二 ········· 147

第一部分
作者的交易与培训历程

第一章 与期货邂逅

1994年春夏之交，太原市中心一家证券公司的散户大厅里，坐着的男女老少们都处于一种绝望、百无聊赖的情绪之中。他们漫不经心地盯着电视屏幕上股票行情的变动，就好像搁浅在沙滩上的鱼，无能为力。反正都是被套住了，大家索性就有一搭没一搭地聊起天来，其中就有人说起有关期货方面的事情。

那时候，期货市场刚刚放开。一时之间，期货公司——合法与不合法的，好像雨后春笋一般地冒出头来。期货公司的经纪人，为了树立专业而高端的形象，个个都是一身西装革履的装扮，手里还拿着期货行情的走势图。这群人总是喜欢到证券公司里面转悠，因为股票与期货使用着大体一致的技术分析图表，他们就想当然地认为，股票是期货的近亲。既然要开发客户，这批正处在"水深火热"之中的股民朋友，就是再好不过的目标人群了。

"您看这张图，"那个时候，经纪人程式化的介绍，往往是由打开一张手工绘制在坐标纸上的期货走势图开始的，"期货行情的走势也是用K线图、移动平均线这些技术指标来表示的。因此您要是做期货，在技术上是不会有任何障碍的。但不同的是，期货可以做空。也就是说，如果行情下跌，您可以先卖出去，然后等跌到谷底的时候再买回来，这样也可以赚钱，不像我们国家的股票目前只能做多。像现在这样，股市行情一直往下跌，您就很难赚钱了。期货还有一个最大的好处，就是实行保证金制度，也就是您只需要用百分之五到百分之十左右的资金，就可以控制一笔百分之百的交易等等。您要是有兴趣的话，可以到我们公司去看看。"说着，就将一张名片恭恭敬敬地递到你的手里。

听了这样的话，好多股民还是一头的雾水，搞不懂为何在期货市场竟然可以把原本没有的东西先卖出去，又为什么使用保证金就可以进行交易。

这一天，散户大厅里的一个股民，就把这个话题抛了出来，引起大家的一番热烈讨论。有的说，期货风险太大；有的说，这是对赌；有的干脆断定，这简直就是一场骗局等等，尽管议论得热烈，可大部分人还是不为所动。只有少数人的好奇之心被极大地调动起来，决定冒着被经纪人纠缠不休的风险，抽空去期货公司一看究竟。这其中有一个，就是我。

在去过一家期货公司不久，我就从这帮终日发牢骚的股民中消失了。给我介绍期货的经纪人讲得实在太好了，使我不能不为之动心。于是，我也决心投身到期货行业里面。然而我并没有当那个经纪人的客户，这倒不是我不认可他的缘故，而是我自己的钱已经被股市套牢了，根本拿不出那笔用于期货交易的保证金来。我跑到一家正规、合法的期货公司——山西三立国际期货经纪有限公司，报名当了一名经纪人。我的目的很明确，一方面熟悉一下期货市场，一方面尽快赚到一笔钱，好用来做期货交易的保证金。

刚进公司，必不可少的环节，先来一星期的培训。几位来自广州的顾问，给大家做相关的讲解。内容包括期货的基本知识、技术分析的一些方法，讲得最多的还是与客户沟通的技巧。在讲了技术分析之后，一位顾问就发给大家每人一份过去几年恒生指数期货的交易数据，要求大家把这些数据画成日K线图，并且要求每天都补上新的数据。

经过这一番被期货公司吹嘘为"正规"，而实际上是极其"敷衍了事的"培训之后，我们就被放出笼去，同样是一身西装革履的装扮，同样是拿着图表，顶着烈日满世界地去找客户了。在接下来大约三个多月的时间里，我每日穿梭于太原市的大街小巷，在各个写字楼里顾盼流连。在此期间，为了提高自己的业务素质，利用业余的时间，我也如饥似渴地阅读了大量有关期货、股票方面的书籍。

那个时候，各个期货公司交易的品种，主要有美国的S&P500、牛腩、大豆、咖啡，日本的红小豆、干茧，香港的恒生指数。其中，S&P500和恒生指数最为火爆,其余几个品种则乏人问津。由于时差的关系,S&P500 在晚上交易。对于我本人来说,白天要去找客户,晚上也就没有多大的精力再往期货公司跑了,因此对于 S&P500 的关注也极少。

那个时候电脑很贵,操作系统用的还是 DOS,也没有互联网;数据传输要靠卫星天线,交易报单要打长途电话,交易成本可想而知是十分昂贵的。在这种环境下,频繁的进出并不为大家所看好,相反会被认为是极其不理智的。

不过,在这家公司,我们还是看到了一个大户确实是这么下单的。可当大家了解到那位客户交易的真实动机之后,也就见怪不怪了。这个客户来自一个军工企业,资金有一百来万,这在当时就算是很大的客户了。此人做期货的目的"醉翁之意不在酒",频繁进出的原因,纯粹就是为了跟经纪人按比例分佣金。于是,在白天,就可以看到他的经纪人,频繁地在大户室和盘房之间来回穿梭。

第一个月下来,他的经纪人就拿到了五万多元的提成。为了激励士气,这笔钱是在表彰大会上,由公司领导当着大家的面,大声宣布数目之后,郑重其事发给他的。发的是现金,厚厚的五沓子。在 20 世纪 90 年代,如果你不是自己做生意,平均一个月的工资,也就几百元人民币而已。即使是在现在,工薪阶层一个月赚五万,也还是一笔相当可观的数目。因此当一个打工者,居然可以一个月赚五万元的时候,所能带给大家心理上的冲击,简直就无法用言语来描述了。散会之后,只见这位经纪人用报纸将钱一包,也顾不得跟大伙打一声招呼,夺门而出,忙不迭地打的跑了,好像生怕钱被别人抢跑似的。

能够开发到这样的一个客户,当然是期货公司的幸事。然而好景不长,随着炙热的气温渐渐地转凉,这一年的秋天到了。对于中国的期货业来说,这并不是一个收获的季节,而是一个漫长、严酷的冬天的开始。消息传出,由于外盘期货交易普遍亏损的缘故,大量的外汇流失境外,因此有关部门决定把境外期货停掉。很快这个消息就变成了现实,昔日门庭若市的景象不见了。由于国内期货设计得不合理，把风险强调得过分了，以至每个品种都半死不活的，那些曾经沧海难为水的客户都作了鸟兽散。在这种形势下，我所做的有关期货的美梦也到了惊醒的时候。我怀着无限的遗憾，不得不另谋他就了。

那么，外盘期货真的从中国大陆消失了吗？没有！实际上，在正规的期货公司停掉外盘之后，很快就有许多野鸡公司纷纷开张了。只不过他们不敢在正规的媒体上，大张旗鼓地公开宣传自己而已。据我所知，时至今日，许多这样的公司也还依然在悄悄地运营着。

尽管如此，我再一次与期货结缘却是在三年之后了，也就是在香港回归那一年的秋天。偶然结识的一位朋友，在跟我聊天的时候，说他刚到了一家期货公司做经纪人。问他，现在都交易什么品种。他说，白天交易恒生指数，晚上交易 S&P500。这叫我多少感到有些意外，不是 1994 年下半年就不准做外盘期货了吗？你们这个公司是不是在做对赌呀？我直言不讳地提出我的问题。他涨红着脸，回答得含糊其词。显然，要么是他也搞不清楚什么叫对赌，要么就是在帮他的公司打马虎眼。见他那样，我反而安慰了他几句。既然国内期货能够被专家、学者们设计成那样一幅不招人待见的德性，也就难怪别人要忍不住铤而走险去做外盘了；反正期货市场也是一个绝大多数人都亏钱的市场，对赌公司只要遵循"盗亦有道"的原则，也是无所谓的。经我这么一说，他立马放宽了心。一时之间竟来了兴致，死乞白赖地非要拉着我去他们公司看看。

旧上海滩的大佬杜月笙的确智慧过人，他曾经说过，"做人有三碗面最难吃，人面、场面、情面。"这一次我就是实在磨不开他的面子，想着过去看看就看看吧，难道还怕你吃了我不成？于是，我就跟他约好时间，过去走了一遭。那个期货公司，在山大二院旁边的一个宾馆里，租了整整一层楼。乍一看，还是蛮像模像样的。

我的那位朋友把我领进去之后，赶忙就把一个所谓的顾问，仿佛搬救兵似的叫过来。那家伙以为我对这一行一窍不通，跟我胡诌八扯了一气，这不是把我当傻瓜了吗？这就更让我坚信，这确定无疑就是传说中的对赌公司了。见他说得眉飞色舞，吐沫星子四溅，我终于忍不住点明了这一点，于是这次沟通不欢而散。我的朋友把我送出门外，看得出来，他也极度的失望。不过他并没有放弃，依然以百折不挠的精神，时不时过来骚扰我一下。终于有一天，我再一次踏进了这家公司。这回他领我见了这家公司的一名客户。那人姓石，后来混得熟之后，我也跟着大伙一起叫他"石头"。

从"石头"的话里，我了解到，这个公司还没有出现过不讲信用的事情。尽管如此，比较谨慎的客户担心资金的安全，照旧是早上开盘之前把资金拿过来，下午收盘之后再把资金取回去。也有几个嫌这样太麻烦，索性一个星期进出一次资金的。所有在这里交易的客户，对这样一家公司到底是怎么运作的，其实都是心知肚明的，并不存在所谓被期货公司蒙蔽的事情。也没有谁因为亏了钱而感觉自己上当受骗了，"愿赌服输"嘛。后来，我看到深圳一位以卧底而闻名的女记者，在一篇报道里，把自己描绘成一名打假的英雄，并且煞有介事地说客户都是被蒙蔽了，我就很为她的"自以为是"而感到不屑。跟"石头"的一番谈话，使我放心不少。在一定的条件下，这样的公司也还是安全的。我的有关期货的热情，重新又被点燃了起来。于是，我下定了决心，也过来开了一个户头。

"最少多少钱就可以恒生指数？"我问我的朋友。

"10000元就可以了，不过你最好还是多拿点钱。"

"不用！我就拿10000元。"我心里想着，这样的公司，鬼才会拿很多的钱进来。

听了这话，我的朋友不免有些后悔，为什么不把最低金额说得再多一些。不过他还是很高兴的，因为东奔西跑了两个多月，如果他再不开户，就要被公司炒鱿鱼了。从这个意义上讲，我也算是救了他的一时之急。

10000元人民币也敢来做恒生指数？当时还没有MINI的恒指期货，那可是货真价实的大恒指。听起来简直像是天方夜谭，不过当时这样的期货公司确实是来者不拒的。就这样鬼使神差地，我开始真金实银做期货交易了。不过我深知这么一丁点钱，对于恒生指数期货这片汪洋大海来说，实在是太微不足道，因此并不急着去做交易。我要先考察考察、熟悉熟悉行情再说。

那个时候，我还是坚守着传统的投资理念，完全不赞成频繁的进进出出；同样我也很相信基本分析、技术分析这一套理论。为了更及时、更广泛地了解信息，我甚至咬了咬牙，花了15000元，买了一部台式电脑，并且申请开通了互联网。那个时候，我见过一份统计资料，整个山西省上网的用户还不到一万人。由此可见，当时我想要做好期货的决心是多么的强大。那个时候，我每天都准时到期货公司，不到收盘的时间绝不早走。回家之后就是研究行情，精读技术分析的书籍。我似乎很能够沉住气，在一个多月的时间里，居然就只是观察、观察、再观察，一单也没有做。熬得我那经纪人朋友，都有点灰心丧气了；几位公司的经理见了我，也不再那么热情了。

在一个多月之后的一天早上，我从香港的一个财经网站上，看到一条信息。具体什么内容，我已经记不得了。当时，我判断这条消息一定会影响到恒生指数。于是我终于鼓足勇气，决心在那一天无论如何也要做一单。到了期货公司，我一直保持着一种亢奋的状态，把交易单的经常性项目事先都填好，就等着一开盘，把价位一填就可以报进盘房。

开盘不久，我果断地开了一张多单，让我那朋友火速报到盘房里。我记得很清楚，成交之后，半个小时左右，当我平仓出来的时候，已经赚了一万多元。这对我来说是一个很大的鼓舞，此后也就隔三岔五地做起了交易。后来也嫌每天把钱拿进拿出太麻烦，索性也一个星期进出一回了。

在这家公司，我记得也有人在做超短线的交易。总和"石头"坐在一起，很快我们就混得很熟了。我听说他晚上还要做 S&P500，就想见识见识。在一个星期五的晚上，到了美盘开始交易的时候，只见一位姓贺的客户，指挥着三四个助手，在隔间与盘房之间，忙忙碌碌地来回穿梭。

我很奇怪，就问"石头"。据"石头"介绍，那位客户在下单的时候，会同时下三张不同的指令，一张是开仓的限价或市价指令，一张是平仓的限价指令，还有一张是止损指令。"石头"形象地把这一套做法叫作"串糖葫芦"。

"是他自己的钱吗？就他这样的做法，也能赚钱?"我心有怀疑地问"石头"。

"是他自己的钱，基本上每天都能赚钱。""石头"笑着说。

听归听，做归做，尽管"石头"也看到人家赚钱了，不过并不打算去跟人家学这套东西。他感觉这绝非长久之计，一旦养成坏习惯就不好了。对于我来说，天性腼腆、不善与人沟通，尽管有好奇之心，但还是没有勇气去跟人家打听一下究竟，就这样我与这种方法失之交臂了。

渐渐地，我的交易也开始多了起来。有一天，我破天荒地做了许多个回合，这是前所未有的事情。第二天早上，我到了公司，我的经纪人还没有来。一进门，他的部门经理倒先过来找我谈话了。她说，我的经纪人昨天晚上，背着我做了几单 S&P500，亏损了五千多块钱。她问我该怎么办？是不是看在朋友一场的情分上，这件事情就这么算了？我一听就火冒三丈，直截了当地回答她，"不行！我一定要他把这笔钱补上。"

过了一会儿，我的那位朋友终于露面了。我把他叫到一边，质问他为什么这么做？他支吾半天，终于道出了实情。原来是他的部门经理在怂恿他，昨天我已经做了好多单，只要再做几单，他就可以拿到 100 元的交易活跃奖了。

这可把我给气坏了，他居然为了 100 元，就不惜冒着如此大的风险。他问我，这事怎么办？我反问他，你觉得应该怎么办？他半天也说不出个所以然来，只是不停地给我道歉。我想了想，还是先稳住他才是上策。于是就对他说，你把损失给我补上，我可以既往不咎，你还可以继续做我的经纪人。他一听这话，安心了许多。过了两天，就把公司给他的提成提前要了出来，又从家里拿了两千多块钱，把这个漏洞补上了。

发生了这样的事情，我们之间的关系已经大不如从前了，彼此都感到别扭。尽管彼此表面上还比较客气，可是内在的裂痕已经无法弥补。在随后的一两个星期里，他的积极性一直不是很高，我也没怎么做交易。有一天早上，我要做交易的时候，他居然还没有过来。这天收盘后，他先我一步离开公司。

我对他的部门经理说，我以后自己做单好了，不用他做我的经纪人了。这之后，我就再也没有见到过那位朋友了。

事后我想了想，他固然有错，可是归根到底还是那位部门经理怂恿他的缘故。没有客户的授权，任何经纪人都是不允许擅自做单的。关于这点，她应该很清楚。可是她不仅无视这一点，而且还要怂恿他，可见这家公司管理之混乱。还有，就是如果我还在这里做单，那个部门经理还是可以拿到相应的佣金，这对于我的那位朋友来说，就更不公平了。于是不久之后，我也离开那家公司，到火车站对面的一家期货公司开了户头。

从这家公司出来之后，我吸取了教训，无论再怎么麻烦，也要坚持每天收盘之后把资金拿回去。换了一个全然陌生的环境，我发现自己再也进入不了状态了，胆量和锐气已然大不如从前。终日盯着电脑，错过一波又一波行情，就是不敢下单。我把这归咎于因为公司不正规而心怀忧虑的缘故。总这样下去也不是事，有一天我忽发奇想，尽管大家都说国内期货不好做，也许还不至于吧？为什么自己不亲自去见识一下呢？

第二天，我就出现在了位于坞城路的"物产期货"的交易大厅里。这是一家很正规的公司，交易大厅的面积很大，一排排的电脑排列得很齐整，只是客户少得可怜，印象里好像也就那么七八个人的样子。加之采光不太好，更显得冷冷清清、凄凄惨惨。尽管人气低落得可怜，可是既来之则安之，我还是决定开个户，做几单试试。

初来乍到，赶忙向旁边的几位"前辈"请教。其中有一个油嘴滑舌、说起话来喋喋不休的中年人，居然还是三立期货的旧同事。看到一个熟面孔过来，他似乎也很高兴。他倒是一点也不见外，劈头盖脸地就对我说："你算是上贼船了，我们马上就要走了，怎么你还要过来？国内期货都快闷出鸟儿来了。"

"不会吧？"我瞪大了眼睛望着他。

"谦虚使人进步，骄傲使人落后。不会？怎么不会？当一个前辈跟你说话的时候，你怎么能使用这种疑问的语气？你应该赶紧说，是是是，你说得太对了。"

我被他神气活现的样子给逗乐了，连忙说了，"是是是，你说得太了。"接着我又问他，"既然你这么说，干吗你还要待在这里？"

"你不让我待在这儿，你让我去哪儿？让我和你一样也到对赌公司去？难道你没有听过孔老夫子说过一句话'君子不立危墙之下'？那种地方我是死也不会去的。"

"那你干脆什么期货也不要做好了，"我说。

"不做这个，做什么？我就是喜欢做这个，国内期货闷是闷了点儿，也不是一点行情没有，等上个十天半个月的，抓一两波行情，还是能赚点钱的，比上班还是要强点儿。"

"在这些品种里面，哪个相对活跃一点儿？"我问。

"绿豆，你还是做绿豆吧。"

就是这样，我盯上了绿豆。现在已经取消掉这个品种了。在我的印象里，当时这个品种只在上午交易。我关注了几天，果然交易冷清得要命。几个客户坐到一起，大部分的时间居然是在聊天，简直跟股市萧条时候的情景一模一样。

观察了一个星期左右，我开始做绿豆期货的交易了。由于成交量极小，当出现一个价位的时候，想要买进就非得买得很贵、想要卖出也非得卖得很贱才行，否则就很难成交。原本行情的振幅就不大，一进一出再打一个折扣，剩下那么一丁点儿的盈利空间就好像鸡肋一样，食之无味，弃之可惜，想要赚点钱简直比登天还难。在绝大多数的时间里，行情犹如死水一潭，但是偶尔又发疯似的上蹿下跳一下。如果你已经习惯了缓慢的节奏，猛然来这么一下，简直叫你猝不及防。总之，成交不活跃的风险是期货市场最大的风险。这种风险就好像走在初春的冰面上一样，看似波澜不兴，冰面底下却有着不均匀的、结构性的漏洞。做了大概一个多月，我的忍耐终于达到了极限。在接到一个电话之后，我就毅然决然地离开了这个市场。

那个电话是在火车站对面那家期货公司认识的一个客户经理打来的。她说，她的部门经理现在独立出来，也搞了个公司，问我有没有兴趣过去看看。没有怎么犹豫，我爽快地就答应过去了。

他们新成立的公司，租住在千峰商场后面的一幢居民楼里。这样的一个公司自然是更加的不正规了，面积小得跟别的几家公司根本没办法比，不过来这里的全都是熟客，气氛却要融洽许多。这家公司还特地请了个厨师，凡是在这里做单的，中午都免费招待大家吃一顿午餐，如果你要做夜盘还有夜宵吃。我和一个终日不去上班的小官僚，还有一个带着小秘的个体老板，坐在其中的一个房间里，彼此原来只是见过面并没打过交道，在这里却很快混熟了。

搞了这么一摊子的经理，并不以形式的简陋而惶恐，也丝毫没有遮遮掩掩的意思。不过他并不直接和我们对赌，他还没有那个资金实力。他只是个中介而已，在他的上面还有一个与他结算的广州公司。就是这样的一家公司，我待在这里的时间却最长。一直到1998年下半年，我才因为一桩事情而离开了。

当时，在山大二院旁边那家期货公司结识的一个人，跟我联络，问我做得怎么样。我说，还可以。我问他，做得如何。他说，亏惨了。出于一番好意，我叫他过这边做好了，这样一方面大家可以相互照应，另一方面也顺便给这家公司拉个客户。

第二天他一大早就过来了，说自己亏得只能拿出3000元钱做期货了。中午收盘之后，大家坐着电梯到这幢楼里的另外一间屋子去吃饭。那个经理开口说话了，保证金低于10000元钱的，中午不管饭。听了这话，我十分恼火。既然他这么说了，我只好带着我的朋友到了附近的饭店。吃过午饭，那位朋友见人家并不欢迎他，也就走了。

那个经理怎么可以当众说这种话呢？我事后仔细一想，他表面是说给我那朋友听的，实际上也是针对我的。因为我一如既往地坚持稳健的风格，三五天也不见得会做一单，他从我这里所能得到的手续费也就少得可怜了。我自己已然成了人家眼里的"鸡肋"，又介绍过来这么一个落魄的客户，人家当然要反感了。既然这样，待在这里惹人讨厌，又有什么意思呢？不久，我就离开了这里。离开之后，想想也没有什么可靠的公司可去，加之也没有从这个市场上赚什么大钱，索性也就另谋出路去了。

原想着这一辈子都不会再踏入这一行了，没想到九年之后，我竟然再一次与期货邂逅了。2007年3、4月间的一个周末，我到上海光大会展中心谋职。在一个不起眼的摊位上，看到在一张手写的广告上面写着"招聘期货操盘手"的字眼。于是，就走上前去，把自己这方面的经历大致跟摆摊的那两个人说了说。那两个人，一个男的、一个女的，都很年轻。听了我所说的，似懂非懂，显然他们并非负责人。他们让我把联系方式留下。第二天下午，那个女的给我打了一个电话，让我周一去面试，地址是紧挨着上海植物园的一幢别墅。

到了那幢别墅，进门一看，在一楼面积不大的前厅，有一堵用电脑屏幕拼成的墙。许多少男少女凑在前面，或是坐着，或是站着，正在做沪深300股指期货的仿真交易。在他们的后面，另外站着三个人，有两个五十岁左右的年纪，有一个六十多岁了。显而易见，他们三个就是这帮年轻人的管理者。我自报家门之后，其中一个五十左右的人，让我站到电脑面前试着采用快进快出的方式做几笔交易。

尽管当时我对沪深300股指期货的乘数、手续费等等还不清楚，不过对于电脑屏幕上所显示的K线、均线还是十分熟悉的。于是稍微观察了一会儿，就开始下达了几个指令。没做几个回合，那人就把我叫到门外。

他对我说："我姓王，我看好你，你有经验，又有学历。在实盘开始之前，我每个月给你10000元；实盘开了之后，我每个月给你50000元。"

听闻此言，我当然高兴了。彼此留下电话之后，他就让我回去了。

在随后的几个月里，我就在王先生这里做一些辅助性质的管理工作。王先生是一个具有传奇色彩的人，为人很低调、也很谦虚。据他本人讲，他原来是锦江饭店的一名大厨，之所以有今天的成就全赖于赶上了改革开放的好机会。

王先生这一摊子是在 2007 年初搞起来的，目标直指沪深 300 指数期货。没有什么既定的模式可以参考，一切都需要摸着石头过河。他之所以敢于这样做，完全是出自他的一些投资理念。尽管他没有明确地讲过这些理念，但是可以从他的只语片言，以及他在培训时候所贯彻的一些原则概括出来。首先，他认为快进快出在期货交易当中，是一种行之有效的赚钱方式；其次，快进快出的操作模式，所需要掌握的技术分析手段并不多，因而可以被成功复制；第三，尽管这种方式可以被复制，但并非每一个人都适合做操盘手，大量招聘人的目的，就是要把那些具有"天份"的人才寻找出来。

　　那么，王先生具体又是如何培训操盘手的呢？

　　首先，招募进来的人都要先练习一阵盲打"数字小键盘"，要求差错越少越好、速度越快越好。这是输入价格的基本功，即使将来做了操盘手，也要每天一早一晚考察两次，并记录成绩。这个基本功练习到一定程度，就可以做"键盘手"了。所谓的"键盘手"，在这里是一个特有的职位，所做的工作就是眼睛盯着电脑、耳朵听着操盘手的指令，然后迅速、准确地把交易指令输到交易平台里面。

　　在这个阶段，他们也没有被告知更多的有关期货方面的知识，只要熟悉交易软件，弄明白操盘手所下的指令，诸如"开仓、平仓、买单、卖单、撤单、改价"之类的术语就行了。就是这样，他们每天看着行情的走势、听着操盘手的指令。时间长了，他们自然也会对行情的走势特点有一定的感性认识。于是，他们也会在心里暗自模拟一番。

　　当有了所谓的"感觉"之后，他们可以提出要求，试着做几笔交易。这个时候，就是他们站在后面，给别的键盘手发号指令了。如果他们"感觉"不错，做得还可以，那就从此改做操盘手了。如果操盘手的成绩不够稳定，或者违反了操盘纪律也会被罚回去，暂时地再做一段时间的键盘手。

　　那时候，王先生所有的操盘手，基本上都是这么被"带教"出来的，很有些师傅带徒弟的味道，并没有什么更加系统的培训体系。整个过程中，王先生给大家讲解的东西极少，大部分内容都要靠自己去领悟。领悟得快的、成绩稳定的，可以继续留下来；领悟得慢的、成绩不稳定的，则很快就会被淘汰出局。据王先生后来自己讲，在三年左右的时间里，他差不多招了三千多人，最后留下来的也不过百八十人而已。

仅就如此高的淘汰率来看，那些能够最后留下来的人，恐怕都不得不被别人、被自己误以为是所谓的精英了，这似乎也更加强而有力地支持了所谓"天份"论的观点。不过，我的看法是，这只不过是不尽合理的培训方式所造成的必然结果。

如此高的淘汰率，所招的都是什么样的人呢？有人也许会猜想，这些人一定都是名牌大学金融专业出身的青年才俊吧？恰恰相反，招来的人大部分学历都不高，绝大多数都是中专生、大专生，并且这些人以前大都也没有任何金融交易方面的从业经历，甚至连这方面的基本常识都没有。一言以蔽之，就是要找"一张白纸"似的人物。

王先生一贯沉默寡言，并不与人多做沟通。尽管他曾经做过锦江饭店的大厨，厨艺一流，不过在管理方面却距离"治大国如烹小鲜"的境界相去甚远。对于日常事务，他基本上不怎么过问，大部分都交给一个姓"任"的老头打理。此公脾气古怪、刚愎自用，做事毫无章法。我怀疑，他大概是一个"人性恶"理论的坚定拥趸者。他对这帮小青年总是没什么好脸色，说起话来总是呼来喝去的。因此，整个团队的气氛一直都是非常压抑的。

我在这里做了三个月。这三个月的工作，虽然是一段不太愉快的经历，不过对于我的影响确是极大的。前期我从事的是溧阳、南通基地的招募、培训工作；后期则是监控、评估操盘手每日的交易状态。在每天交易结束之后，我所做的工作，就是查看每一位操盘手的每一笔交易记录。我要从这些记录里面解读出他们当时交易的思想、情绪的波动，并概括总结出他们的行为模式。

正是后面这项烦琐而细致的工作，使我对"快进快出"这种交易方式的看法有了彻底的转变，看到了其中合理性的一面；同时通过这种近距离的审视，也使得我认识到心态的微妙变化，对于操盘手业绩的影响是多么的重要。这使我意识到，稳定盈利的解决之道，并不在于技术手段掌握得如何精准，而在于交易当下心态的把握与控制。我进而大胆地推论，一个操盘手只要具有良好的心理状态，完全不必掌握什么高深的技术手段，仅仅依靠自己的直觉也一样可以稳定盈利。

然而很遗憾，在王先生那里，我并没有看到一个完全借助直觉，而不必借助技术分析的做单模式。王先生一定要求所有的操盘手，必须参考上证领先指数来做期货。他认为可以从上证领先指数走势的 MACD 当中，发现一些先机。不仅如此，后来他还要求密切注意沪深 300 指数当中排名前 20 位的权重股的动向。这就距离简单有效的交易方式越走越远了。

从王先生那里辞职出来，我虽然从事了其他工作，但是依然对这一行的动向保持着高度的关注。在此期间，大量地阅读一些金融心理学方面的书籍，更加坚定我的一些想法。我希望自己的工夫不会白付，早晚有一天能够派上用场。这一等，又过去了两年多。

第二章　跟期货公司讨价还价

2010年1月8日一条新闻播出，国务院原则上同意股指期货的推出。这个难产的婴儿终于要面世了。我随即辞去眼前的工作，在网上投了几份简历，希望能够在期货公司谋一个职位，并寻找机会，想着能够在这个领域做点什么。

恰巧在这个时候，以前在王先生那里结识的一个名叫韩峰的小伙子打电话联系我。他于我之后也从王先生那里出来了，如今已经成立了自己的投资公司。到他的公司一看，模式与王先生十分类似，他也培养出了十多名操盘手。

我们大聊了一通。他说，我走之后，许多操盘手不堪忍受压抑的环境，也都先后离开了王先生那里。这批人当中，像他这样开公司的也有几个，更多的则是给自己赚钱。其中有几个表现很突出，一两年的功夫，靠着做黄金期货就赚到几百万。更有意思的是，有几对在王先生那里相识的小年轻，已经或者马上就要结婚了，这其中也包括他和他的未婚妻。难怪韩峰不无感慨地说："从某种意义上来讲，我还是很感激王老板的。要是没有他当我的引路人，估计我也不会干这一行，也不会认识我的女朋友。"

也是从他这里，我了解到，王先生最后终于也忍受不了任老头乖戾的性情，与他分道扬镳了。任老头带着他的几个铁杆"粉丝"出来之后，也模仿着王先生的模式，独立搞了一个投资公司，但是不久就不欢而散了。

听说任老头走了，我倒是想去见见王先生。那个时候，我刚刚在一家期货公司谋到一个"区域经理"的职位，不如把王先生开发过来，开几个账户。也许他正好有这方面的需求也未可知？我问，王先生现在是不是还在植物园那里。他说，已经搬到奉贤海滩的一幢别墅里了。

于是，在二月底的一天，我坐车跑到奉贤海滩那里，见到了王先生。王先生见了我似乎也很高兴。彼此寒暄过后，他问我的来意。我说，自己新近应聘到一家期货公司，做了区域经理，希望他把账户开到我们那里，我一定给他争取最优惠的佣金水平。

他听完说："哦，原来是过来谈生意的。好呀，我给你生意做。你也不一定非要帮着期货公司做，你也可以帮我去跟期货公司谈判。到时候，我也会给你好处的。谈成之后，我每一单给你五毛钱。"

他接着说："你可别小看这五毛钱，我们这里一个月差不多可以做一百多万手单子。"

哦，如果按照这样来算，一年岂不是可以做一千两百多万手的交易？如果每单给我五毛钱，我岂不是有六百万的收益？这当然好了，我毫不迟疑就答应了他。虽然我根本不相信到时候他真能给我那么高的提成，即使打个对折，甚至只有承诺的十分之一，也还是不错的。谁知道这次我的想法又落空了，王先生再一次食言了，不过这是后话。

"好的，我去帮你谈判。"我爽快地答应了他。

"我这里的情况，你是了解的。"王先生说，"我不需要多跟你介绍了。"

我了解王先生这里是做"超短线"风格的。在若干年前，这种不可思议的操作手法，即使是在那些激进的炒手眼里，恐怕也是难以想象的。因为当时并不具备这样的条件。我们应该庆幸自己生逢一个伟大的时代。正是这个时代所具有的创新与包容的气质，促使诸多缺一不可的成功要素，经由离奇曲折的过程而融汇到了一起，从而催生出"超短线交易"这样一种独特的盈利模式。

这种模式包括了一些必不可少的成功要素：

第一，网络技术的革命性突破，不仅给金融交易提供了前所未有的便捷，而且使交易的成本极大地降低。

第二，交易软件的开发越来越成熟，越来越人性化，从而大大地简化了下单的环节，节约了下单的时间。

第三，设计合理的期货产品能够吸引到足够多的市场参与者，保证交易具有相当的活跃程度，从而使得快进快出的超短线交易能够迅速得以成交。

第四，为数众多的期货公司之间的充分竞争，使得客户可以争取到足够优惠的手续费，从而保证了不需要持仓很长时间也会有足够富裕的获利空间。

有关第四项条件，并非可有可无，而是绝对必要。一个操盘手如果能够得到足够优惠的手续费率，就好像当大家还站在起跑线上的时候，你已经占据了一定的优势。这在交易当中体现得就更加明显了。优惠的费率，使得别人还在为成本而苦苦煎熬、挣扎的时候，你就已经有了足够的获利空间。如果你想出来的话，马上就可以获利了结。占据了这样的优势，不仅仅使你可以比别人多赚到一些利润，更重要的是交易起来，也会比别人更安全一些。

正是基于这样的考虑，做短线的没有不重视手续费这个要素的。在上海做期货交易，有着得天独厚的条件，这是其他城市的操盘手所无法想象的。与期货公司谈判，我还是有信心的，因为此前我已经有过这方面的经验。在上海期货大厦里，集中了来自全国上百家期货公司的营业部，每个楼层差不多都有三四家。如此集中的密度，也就不难想象竞争是多么的激烈了。

两年前从王先生那里出来之后，我就曾经到期货大厦开过户。跟一家公司谈好之后，想着既然大老远地来了，干吗不到别的期货公司看看呢？于是从这家出来，我转身就到了旁边的一家。人家问我来意，我说刚从旁边的那家期货公司开了户，看看你们这边怎么样。对方就问我，那家公司收你什么水平的费率。我说完之后，这家也不问我资金量多少、做单频率大小，就不假思索地把所有品种的价格都降了一轮。

哦，原来手续费并不是一成不变的，是可以谈的。既然这样，何不再谈一家呢？从第二家出来，紧接着我就去了第三家，这一家在第二家的基础上又下降了一轮。就这样，第一家公司在天然橡胶上收我每手17元，第二家降到了10元，第三家则更进一步降到了7元。

正是基于这样的经验，当我接受了王先生的委托，我同样有信心把价格杀下来。问题是，什么样的费率水平才能令他满意呢？我问他，目前他这里做黄金期货，对方给他什么水平的费率。他的回答，着实叫我吃了一惊。他说，"期货公司收我们零手续费。"

"你是说，期货公司不收你们一分钱？"我吃惊地问。

他说："那倒不是，交易所的费用是谁也逃不掉的，除此之外，期货公司不另外收我们任何费用。"

"那他们靠什么赚钱呢？"

"他们还是能赚钱的。现在我这里的交易量，大概占到全国总交易量的十分之一。我到他们那里去做，一下子就把他们排名给提上去了。他们靠着我，这两年交易量的排名一直名列前茅。上交所每年都会根据交易量的排名，给前几家公司一定比例的返佣，他们就赚这部分钱。"

"哦，这下我明白了。"随后我就告辞出来了。

俗话说："磨刀不误砍柴工。"接受了王先生的委托之后，我并没有马上去找期货公司谈判，而是先在家里做了一番功课。我上网查阅了一些资料，把相关的政策、规则研读了一下。由此，我了解到中金所的会员分为三种资质，即：全面结算会员、交易结算会员和普通交易会员。全面结算会员不仅可以给自己结算，还可以代理普通交易会员结算；交易会员只能给自己公司结算，不能给其他公司结算；而普通会员不能直接跟中金所结算，必须通过全面结算会员来结算，并给对方一定比例的结算费用。因此，要想得到最优惠的价格，首先就要把普通会员排除在外，只跟全面结算会员、交易结算会员谈判。

当时这两类公司在上海设有营业部的总共有61家。确定了这一步之后，我又分别登录到这61家公司的网站，把上海营业部的地址、负责人、联系电话等等信息一一粘贴到EXCEL表格里头，再以地址排序的方式打印出来。这些公司绝大部分都集中在期货大厦，以及周边的几幢写字楼里。

在接下来的一个多月，我每日早出晚归，大部分的时间都泡在期货大厦和长泰大厦，最后按照王先生的要求敲定了四家公司。在这期间，我和王先生又见了几次面，也跟他探讨过团队管理的事情，希望他能吸取以往的教训，尽量做得人性化一些。

在谈判的过程中，有一个营业部的总经理透露：在期货大厦里，一年能够盈利在三百万以上的营业部，也不过十家而已。这是一条很重要的信息，让我看到了营业部的底牌，更增强我谈判的信心。

第一天去谈判的时候，一口气就谈了十四家，结果出奇的好。为了免去中间的周折，我到期货公司营业部之后，一律都要求直接跟能够拍板决策的总经理、副总经理谈。由于中金所规定的开户条件过于苛刻，当时所有期货公司无一例外都发愁客户的数量。因此看到有客户主动找上门来，没有不热情欢迎的。他们把客人让进屋里，倒上一杯茶水，然后才开始发问，"你们那儿到底是什么状况呀？"

"我们这儿的情况是这样的。我们老板有一套自己的投资理念。按照这个理念，我们培养出了大概五十多名操盘手。目前，我们还在继续招人。所有这些人将来都要给他们一个独立的账号，让他们来操盘。所有这些操盘手都是运用快进快出的超短线方式来交易的。按照我们老板的设想，在开了实盘起初的一两月里，我们每个操盘手每天的做单量大概在100手左右，以后如果整个交易量放大了，我们操盘手的做单量也会跟着一起放大，一年总的交易量，至少也在1200多万手。所以我们会对交易费用异常敏感，按照我们这个量来计算，如果交易费用多一块钱，我们一年就要多付出1200多万元的成本。您也明白，在超短线交易里，省下来的就是赚的；另一方面，如果手续费高的话，也会增加我们的交易风险。我们大致的情况就是这样，您看如果我们把户开到您这边，您最低能给我们什么水平的手续费？"

"大致听明白了，不过我还有一些问题想问你。"有时候，营业部的经理们会问这样的问题，"你们炒期货的钱，是自己的还是代客理财的？你们需要我们给你们提供场地吗？"

"所有的资金都是老板和他亲戚朋友的，我们并不代客理财。我们有自己的交易场地,只需要你们提供一个跑道,其他的任何服务都不需要。"

"那么你们也不需要返佣了?"

"我们只要求最低的手续费,您看您能做到什么程度?"

"你们以前都做过什么期货?对方收你们什么水平的手续费?"这个问题,也是大多数营业部经理都要问的。

"我们现在还在做黄金期货,不过股指期货开盘之后,我们会逐渐地退出。我们之所以做黄金期货也是权宜之计。三年前,我们就开始为股指期货的事情筹备起来了。后来迟迟也没有推出来,为了打平一些成本,才尝试着做做商品期货。试过一轮之后,才锁定在了黄金期货上。现在我们每天的成交量,差不多占到全国总成交量的十分之一左右。对方不额外收我们什么钱,上交所收他们多少,他们就收我们多少。他们靠上交所给他们的返佣赚钱。"

"黄金期货好像不怎么活跃呀?那你们黄金期货做得怎么样呢?"

"是不活跃,但我们做得还好,去年我们老板说,差不多赚了九百多万。"

"那你们为什么不继续跟这家公司合作了?"

"您知道,培养一个操盘手是很费心思的。当他们技术不稳定的时候,我们不仅要为他们付出许多心血,还要为他们的亏损'交学费'。而一旦他们的技术成熟了,这本来到了该我们收获的时节,结果他们又想着要单飞了,这是我们老板最感到头痛的事情。为了留住他们,我们老板给他们很高的提成,可他们还是要走。他们走了之后,就会找到与我们合作的这家公司。他们打着我们老板的旗号,跟人家讨价还价,对方也给了和我们一样的费率。这就叫我们老板很不高兴,他感觉他们是沾了他的光。如果也给他们同样的费率,我们的优势就没有了。后来我们老板跟对方约定,凡是从我们这里出去到他们那边开户的,一律不能给这么低的佣金水平。可是这家公司表面上答应得很好,实际上并没有遵守承诺。以前因为这种事情,我们已经换过一家公司了,可是换过的这家公司也还是一样。所以我们老板决定,再找几家合适的公司。"

"你说的是一个很普遍的问题,跟我们合作的几个团队也有这种情况。当一个操盘手的技术稳定之后,他们的自信心就开始膨胀了,这个时候谁也留不住。他们想,即使老板给我百分之五十的提成,还是只能拿到一半的钱,干吗不自己给自己赚钱呢?不过你放心,我们公司是很讲信誉的。实话实说,如果你们提供一个名单,他们打着你们的旗号过来,我们可以做到不会给他们很低的手续费。可是如果他们以自己亲戚朋友的名义过来,我们就没有办法控制了。我觉得,在这个问题上,你们还要想其他的办法。"

"你刚才说,对方只赚上交所返佣的那笔钱。"谈到返佣的时候,有些经理也会适时抛出这样的问题,"可是照现在的情况来看,中金所害怕行情太火爆,这一年半载估计是不会有返佣的。"

"这个,我们也很清楚。利润总要给你们留出来一些的,就看你们留多少了。"

"股指期货上市了,起初的交易估计不会很活跃的,我不知道你们怎么能够做那么大的交易量?"

"交易不一定会不活跃,道理很简单,开户门槛这么高,又把风险吹嘘得这么厉害,还是有人义无反顾地想要进场交易。您不妨想想,这些急着想要交易的人都是些什么人?他们都和我们一样,三年以来就是冲着这个目标来的。所以一开盘,就会有一定程度的活跃,高了不敢说,主力合约每天成交一两万手应该不成问题。对我们来说,这个量就足够了。我们不发愁这个,倒是双向收手续费,而且还收得这么高,叫我们有点发愁。在手续费方面,我们是一定要争取最低价的,否则不仅不赚钱,而且还可能赔钱,这个希望您能谅解。实际上如果我们做得多了,你们也不吃亏;你们要是收很高的手续费,我们没办法多做,反而会影响你们的收益。从这个意义上来讲,我们双方的利益是一致的。只有我们能够长久的获利,你们才会长期收益。您说对不对?"

"你已经跑了不少家期货公司了,他们都给你什么价格呢?"

当期货公司的负责人,问我这个问题的时候,我会毫无保留地告诉他们实情，当然并不具体说那一家的情况。随后又会引出他们的另一个问题："为了股指期货上市，各家公司也投了不少钱，没那么快就把价格压得这么低吧？"

"您以为股指期货的开户不会打价格战吗？我认为，一开始就会是一个价格战。您不妨想想，中金所规定的开户条件这么苛刻，自然会令一些人望而却步，但是那批还是坚持要过来开户的是些什么人呢？他们会是期货市场里的新手吗？肯定不会。他们大部分都是从商品期货市场里杀出来的老将。这批人当中，有谁没有过跟期货公司讨价还价的经验？如果在以往尝到了谈判的甜头，难道他们把这种经验移植到股指期货市场里，这还不是顺理成章的事情吗？所以我说，一开始就会是一场价格战。"

以上是和每家期货公司都必要谈到的话题。至于交易手续费到底能降到多低，每家的回答就不尽相同了。归纳一下，大致有以下几种态度。大部分的回答是："一分钱不赚，这个我们做不到。但如果你们真能做到这个量的话，我们可以象征性地每单收你们一块钱两块钱。"另外一种普遍的回答则较为圆滑："现在中金所还没有把最终的细则敲定下来，我们现在也不好马上答应您。不过可以肯定的是，只要别人能做到的，我们也能做到。没有理由眼看着客户白白流失掉。"有四家公司的回答很令人鼓舞："好吧，你们尽管开到我们这里。如果你们真能做到这个量，把我们公司的排名做上去，即使中金所将来没有返佣，我们也可以收你们零佣金。"有两家公司则是这样回答："照现在这个开户水平，估计一开始的成交量也不会很大。你们真能做多少量，这个实在很难说。不如这样吧，我也不管你们做多做少，我们每个月收你们一万两万块钱好了，也省得麻烦。"总之，绝大多数的公司都表现出了非常诚恳的态度。只有三家公司明确表示："我们公司不会参与打价格战。如果你们的做单量比较大，我们可以适当地给一些优惠。不过，我们也是有底线的；如果低于这条线，我们是不做的。"

跑了几天，一半的公司都谈过了，已经有四家公司答应了零佣金。我想着，把这个消息告诉王先生，他应该感到满意了。没想到他对我说，我没有完全明白他的意思。他让我再去奉贤海滩一趟,他要把他的意思再详细地跟我说一遍。

到了那里,他说,他并不追求极端的低价格,他要给期货公司留出一些利润,并在这个基础上再加十块二十块钱,然后让期货公司把这部分钱的大部分再返还给他。

"为什么要绕这么大一个圈子呢?这些钱不全是你和亲戚朋友的吗?"我大惑不解地问。

"钱是我们自己的,这一点不假。我要吸取以前的教训。如果是零佣金,我自己就没有退路了,你晓得吧?你也知道我这里的情况,操盘手技术成熟以后都跑掉了。我有什么办法来控制他们呢?就算我跟期货公司约定好了,他们最后还是要到期货公司谈手续费的。所以我现在不要零佣金,我要他们在账面上看到,我的佣金也不低。这样他们走了之后,就不会跟人家要那么低的价格了。但是这笔钱也不能白白地给了期货公司,所以要他们再给我返回来,这下你明白了吧?"

"我明白了,你是故意做给操盘手看的。不过,如果你只是担心操盘手流失的话,还有其他的办法呀,也不一定非要用这种办法啊。你想过没有?如果将来交易量很大的话,即便是多给人家一块两块钱,这笔钱的数目也是很大的。我倒是有一个主意,你不妨听听。操盘手之所以走了,也无非是想多给自己赚点钱。为什么你不让他们把提成也折成股份,参与到账户里面呢?这样一来,他们给你赚钱的同时,也就是在给他们自己赚钱。他们给自己赚的那部分钱,你让他们百分之百拿走;他们给你赚的那部分钱,你还按照原来约定的比例提给他们。他们干吗还要走呢?如果他们仅仅是为了钱的缘故,我想他们是不会走的。他们走了,只能拿自己的钱赚钱;而在你这里做,除了能给自己赚钱,同时还能拿你给他的提成,何乐而不为呢?"

"你的这个想法,让我再想想好吧?不过,你还是先按照我的这个意思跟人家谈吧。谈得差不多了,你给我打电话,我再过去跟他们详细谈。"

就是他的这个要求,使得原本很容易的谈判,难度陡然增加了。从第二天开始，我又把答应得很爽快的几家公司重新再跑了一遍，另外又陆续把剩下的三十一家公司也跑完了。这一回，他们的态度惊人的一致，要低佣，甚至零佣金都好谈，但是按这样的方式返佣则很难操作。

"为什么零佣金你们都愿意接受，现在给你加了两块钱，再让你们把另外的八块钱返还回来，你们反而不愿意了呢？"

"这个的确很难做的。如果我们收你们零佣金，我们的账面显示的是没赚钱，因此也就不用上税；如果在中金所的基础上加了十块钱，在账面上显示的就是赚了十块钱，我们就必须按照这十块钱的利润去交税。可是实际上，我们并没有赚那么多，大部分的钱又返还给你们了，这样我们的财务风险是很大的。如果按照你们所说的，你们只承担百分之十的税，那我们还得从其他地方找发票，才能把这个漏洞给补上。你们做得越多，我们的漏洞就越大。这样早晚会出问题的，到时候被税务局查出来了，再罚我们一笔钱，你说合算不合算？你们如果坚持返佣的话，那只能按照百分之七十的比例给你们返，而且还要代扣你们的个人调节税。"甚至有一家期货公司营业部的总经理，一听我说这样的条件，气愤地说："你们开出这样的条件，简直就是没把我们期货公司当人看。"

如此看来，这样的条件真的叫他们很为难。那位经理的话刺激了我，一时之间我也在怀疑，这样的条件是不是有点得寸进尺、太不厚道了？如果这一切都源自操盘手流失的问题，与其扬汤止沸，莫若釜底抽薪，不如帮助王先生找找病根。如果找到了好的解决方案，也许就用不着这么麻烦了。从那一刻起，我一面继续寻找合适的公司，一面也跟营业部的老总们探讨一些有关操盘手管理的问题。

"操盘手的技术水平一旦稳定下来，一定要走吗？就没有什么办法留住他们吗？"

"有是有的，通常的做法是并不把属于操盘手的提成全部发给他们，而是要截留一部分作为违约保证金，如果他们要提前离开，截留的那些钱就不给他们了。"

"那么按什么比例截留的这笔钱呢？每个月是把大头留给他们呢？还是把大头截留下来？"

"这个就不一定了，有的投资公司人性化一点，每月扣下30%，把70%发给操盘手，有的公司正好相反。"

"扣下这笔钱，他们就绝对不走了？"

"扣下一部分钱，总要好一些。不过有的操盘手水平很高的话，还是要走。和我们合作的一个投资公司，就有一个操盘手，老板扣下八十多万块钱，最后干脆不要这笔钱走了。那个操盘手走了以后，用了不到一年时间，赚了三千万多万。"

"操盘手离开，这很自然，没什么大不了的。一个老板能挣的其实也就是操盘手处于成长期这个阶段的钱。你们不要把主要的精力放在防人方面，不如顺其自然好了。人家在的时候，你们要对人家客客气气；人家要走，你们高高兴兴送人家走好了，这样以后大家还可以做朋友。否则既留不住人，还伤感情，何苦呢？"

"不过也有的公司管理得不错，操盘手也不怎么愿意走。那个老板很会做人，平时总是和操盘手玩在一起。遇到假期什么的，还组织操盘手到新马泰、韩国、日本去旅游，所以操盘手也都不好意思走。"

有一家营业部的经理总结得很好。他说，操盘手之所以离开，固然会有争取利益最大化的因素，也有管理是不是人性化方面的因素，但是也有纯粹是为了自己的长远发展来考虑的。也就是说，当一个操盘手感觉不能发自内心地接受一个团队的投资理念，那么诸如止损点位、长线短线风格之类的规定，对他来说，就是一种束缚，他们通常也会选择离开。

我把这些意见加以归纳，及时地反馈给王先生，甚至还引荐了几个营业部的经理跟他面对面的交流，希望他能够吸取其中有益的东西，把管理搞得尽量人性化一点。

但没想到，王先生吸收的恰恰是最为不人性化的一些东西。在一份"合作协议"里，为了达到长期控制操盘手的目的，他把每个月给操盘手提成的绝大多数都扣留下来了，并且大大地延长了服务期限。虽然为了使协议更加吸引人，他也把最高一档的提成比例提高了，但这个目标高的叫人感觉可望而不可即。

当他拿着这份协议兴致勃勃地给奉贤海滩的操盘手们看时，令他意想不到的是，遭到了操盘手的一致抵制。他又拿着这份东西去溧阳，同样碰了一鼻子灰。既然他们都不签这份协议，他只好让他们继续做黄金期货了。这当然是后话了。

虽然我做了一些努力，希望王先生回心转意，不再坚持返佣了，但是他很固执。我也就只好继续再跟人家磨嘴皮子。最后，居然还真的找到了四家公司，答应了他所有的条件。于是皆大欢喜，我近一个月的工夫也没有白费，他开始领着他的那些亲戚朋友们陆陆续续去开户了。

实际上，佣金低到一定程度就可以了，不必追求极端。关键还是要看期货公司的交易平台是否得心应手。事实上，王先生和我都没有注意到这方面的问题，这倒不是考虑不周的缘故，而是实盘开出之后，行情变化的格局发生了很大的变化。原来用得十分称心的交易工具已经赶不上形势了，所以必须改用一款更为人性化的软件，才不至于落伍。如此一来，原来找到的那四家公司，在一个月之后，王先生都不得不终止与他们的合作了，因为他们都没有那款软件。

本人无意给交易软件公司做广告，也不想贬低别人。因此在这里，我不便把这些交易软件的名目一一交代出来。读者如果有心，可以自己去体验一下，这些软件内在的差别、微妙的感受，会给超短线交易带来迥然不同的结果。这也就是为什么，我会把软件的合用性也作为其中的一个成功要素了。

第三章　在莘庄搞培训

　　2010年4月16日星期五，在奉贤海滩的一幢别墅里，吃过早饭，坐到监控电脑前，我与一名助手，把五个交易账户打开，将界面调整到最方便操作的形态，静静地等候着。等候着9点15分，见证中国大陆第一只股指期货开始交易的那个伟大时刻。不久，王先生也过来了。

　　一天交易下来，谜底终于揭晓了，比我们原来预想的结果要好得多。原来想着，最初的一两个月，成交量大概也就一万手左右。可这天，主力合约成交了将近五万手，这个交易量足够维持正常的超短线交易了。

　　另外，让我们感到欣慰的是，第一天试水的五个操盘手，总共成交了300多手，两个亏损三个盈利，最终净盈利5000多元。其中表现最好的一个操盘手，成交40多手，平仓盈亏13000多，净盈利8000元。

　　尽管王先生一向喜怒不形于色，不过还是能够感觉到，他是非常兴奋的。为了这一天的到来，他足足筹备了三年多。高兴之余，他很快又变得郁闷了起来。市场的形势比预计得要好，可是他的"后院"却起火了。眼前已经成熟的两个基地——奉贤与溧阳，可以上实盘的操盘手有五十余名，可是只有几个人愿意跟他签约。因此，尽快培养出大批的操盘手，就成了当务之急。

　　"你还是别做监控了，"他对我说，"这个也没有什么技术含量，你还是去帮我培训操盘手吧？"

　　"好呀，实际上我也很想做这件事。前些天在跟期货公司谈判的时候，我回到家里也一直在考虑这方面的问题。我感觉我们这边培训操盘手的方法有点类似'师傅带徒弟'，不仅效率低，而且效果也不好。我看过一本美国人写的书，书名叫作《海龟交易法则》。里面讲到，他们培养操盘手也就用一个月的时间，后来只用两个星期就把操盘手培养出来了。完全用不了半年多的时间。"

"哦，是吗？"

"这本书还是很有参考价值的。实际上，培训效果的好坏，并不在于时间的长短，而在于采用的方式方法是否合理。我已经写好了一份培训大纲，你要不要看一下？"

"好，给我看看。"

于是，我从背包里拿出了那份已经写好的"超短线操盘手培训大纲"。他眯着眼睛粗粗地看了两眼，又从抽屉里拿出老花镜仔细看了一遍。看完之后，他没有表示什么，只是意味深长地说，"这份东西先放在我这里，让我再好好想想。"

"下个星期，你就不要待在这里了，我在莘庄又搞了一个基地。你明天就和小兰一块到万体馆去招聘好了。小兰，你认识吧？"

"认识。"

"我把她的电话给你，你明天早上就去万体馆找她。"

4月17日上午九点钟不到，我来到上海万体馆。没费什么周折，就找到小兰事先订好的那个摊位。我打量着招聘广告，觉得有些奇怪，招聘的岗位有三种：主管、网络管理、电脑操作员，怎么不直接把"操盘手"写上去呢？

等她来了之后，我就问她招聘广告上的名目是怎么回事。她说，根据以往经验，招"电脑操作员"比"操盘手"要好招得多，直接写"操盘手"会让人望而生畏，会让对方误以为需要很深的金融专业背景。

"哦，原来如此。那可不可以把'操盘手'这个职位也写上去呢？兴许有人问呢？"我建议道。

"可以，你试试吧。一会等工作人员过来，你可以问他们要一只大号的签字笔。"

正在说话之间，一个小伙子凑到展位前，怯生生地问道："你们招的电脑操作员有什么具体要求？"

"哦，"我抬起头来对他说，"我们招的电脑操作员，首先要有良好的心理素质，能够承受巨大的压力；其次要有严格的自律性；还有就是要反应敏捷。"

"这个岗位具体都干些什么呢？"

"实际上，我们招的电脑操作员就是期货操盘手。说得具体一点，我们有自己的一套投资理念，如果你愿意，我们可以对你进行为期一个月左右的培训；当你达到一定要求的时候，我们会给你一笔资金，让你独立操作；如果盈利，我们会给你最少百分之十、最多百分之六十的提成。你觉得怎么样？你对金融行业感兴趣吗？"

"感兴趣！可是我以前对金融行业一点经验也没有。"

"这个不要紧，像你这样的一张白纸最好。"

"为什么像我这样没有经验的最好？"那个小伙子大感不解地问道。

"因为我们的盈利模式与传统的区别很大，如果你炒过股票什么的，有可能会有一些根深蒂固的坏习惯。在培训的过程中，还得下大力气改掉这些坏习惯，反而不如一张白纸好。"

"那我报个名吧？"

"好的，请把你的简历留下。"我把小兰准备好的印着"莘庄基地"地址、联系电话的小纸条递给了他，"请你星期一早上九点到下午四点之间，到这个地方面试，如果有什么问题，请打这个电话。"

"我想问一下，你们招的'电脑操作员'待遇怎么样呢？"有一个小伙子这样问道。

"在培训期间，免费提供食宿，但不发工资，每个月只发600元的生活津贴。培训结束之后，我们认为你可以做实盘了，会跟你正式签一份合作协议。那个时候，给你每月2000到3000元左右的底薪，同时按照10%到60%的比例给你提成。"

"哦，你们那儿提供食宿，那我留一份简历吧。"旁边的一个小伙子听闻此言，冲着"免费提供食宿"，毫不犹豫地把一份简历递过来了。

"那提成这部分,我大概能拿多少呢?"

"这个不一定,差一点,估计一个月也就几千块钱;如果发挥得好,一个月拿三万、五万也不稀奇。"

"能拿那么多?"他把眼睛瞪得大大的,以为我在讲《天方夜谭》。

"哼!"旁边一个人听我说这话,嘴角挤出一丝冷笑,不屑一顾似的转身离开了。

"这没有什么可奇怪的。这个行业是有可能赚到这个数目的,当然不是每个人都可以。如果你对'操盘手'感兴趣,我建议你到网上查查,看看这到底是一个什么性质的工作,好不好?如果你有兴趣,星期一早上九点到下午四点,可以到这个地方去面试。"

对着每一个前来询问的应聘者,我都尽力争取他们,希望他们能够加入到这个真正具有挑战意义的行业中来。看到有的人很热切,叫我感到很欣慰;看到有的人,听了我的介绍,依然还是一副麻木不仁的表情,也叫我很失望。一上午的功夫,看热闹的,远远多于真正感兴趣的。

一上午,三个钟头左右的时间过去了,我们一共收到五十份简历。

"就这么多?"我不免有点失望地问。

"就是这些人,也不一定都会去,"小兰说,"这里面有 20% 能过去就不错了。"

"那么少啊?有没有试着在网上,发布招聘广告?"

"有,不过没什么用。"

过了一个星期,我们又去了一次万体馆。这是在世博会举行之前的最后一次大型招聘会。这一次我们也还是只收到五十来份简历。

在这两批招聘的人员当中,没有毕业于名牌大学的,大部分的学历是大专,甚至还有几个是高中毕业的。有道是"英雄不论出处"。从某种意义上讲,操盘手,绝对是一个对所有人都一视同仁的职位。不管你是什么学历,最后都需要凭业绩说话。仅从学员的起点来看,能把这些人培养成操盘手,我们就已经要比那个颇具传奇色彩的"海龟训练班"要成功得多了。

莘庄基地是王先生跟两位律师朋友新近开的。胡律师为人很有亲和力，做事风格与王先生迥然不同，懂得抓大放小、外宽内紧的道理。在这里他放手让我去做，使得我的一些构想能够在最大程度得以实现。

4月19日早上，我按照小兰给我写的地址，第一次来到莘庄基地。这回租的房屋不是别墅，而是一个复式结构的房子，面积大概有二百多平方米，位于一幢十一层楼的顶楼。所在的那个居民小区距离莘庄北广场地铁站，走路大约需要二十分钟左右的路程。

这天，九点多以后，陆续开始有人过来面试了。正如小兰所说的那样，虽然收了五十多份简历，但真正过来面试的并不多。凡过来的基本上都留下来了，印象里并没有淘汰谁。后来这批人当中，有人回忆当时的情形也感觉很意外，居然就这么被录用了。更让他们想不到的是，他们当中有些人的实际收入，比我所说的还要高得多。

在这批人当中，大部分都并非真正冲着期货交易来的，过来只是想当一名"网管"；甚至有的只是冲着免费管吃管住过来的，完全把这里当成了来上海谋生的一个跳板。在胡律师的解释、鼓动之下，他们答应先留下来试试。随着培训的进展，他们很快就都被这种自由、简捷的赚钱方式给迷住了。于是心中那游移不定的想法都烟消云散了，再也没有什么其他的职业能够吸引他们了。

在整个培训的过程中，我们并没有大量淘汰人，而是给了每个人以足够的发展空间。这就足以用事实给那些"天才论"者，以及把交易搞得神秘化的人士一个有力的回击，并由此证明每个人的潜力都是无穷的。那些苦苦挣扎的操盘手，只是一时之间不得要领而已。

这里也沿用了许多王先生那边的老规矩。首先就是全员封闭。也就是说，凡是来这里的操盘手，原则上周一到周四都要求住下来。王先生的理由是，这样可以尽可能地免除外界的干扰。收盘之余，小伙子们没事干，也只能在电脑上聊聊天、玩玩游戏。

这里的作息制度，也沿用了过去的一套。早上7点起床，7点半吃饭，8

点开始练习半个小时的数字小键盘。晚上6点半吃饭，7点到8点练习数字小键盘。练习小键盘，后来纯粹变成了一种形式主义的东西，在实际操作当中已经失去了任何实用价值。后来，这个基地在跟王先生决裂之后，应小伙子们的要求，把起床时间改到了8点钟，把练习小键盘也一并取消了。

在胡律师没有跟两位股东决裂之前，王先生几次三番地来到莘庄基地传授他的那一套法宝，也就是做股指期货一定要参考上证领先的现货走势。这其实是我竭力反对的。当王先生撤出股份之后，我所做的第一件事，就是告诫所有的操盘手，不要参考什么现货走势，那样的效果不会好到哪里，反而会影响下单的果断性。有些学员出于对王先生的盲目崇拜，起初并没有把我的忠告放在心上，直到后来成绩越来越差，才幡然悔悟，重新又回到简单的套路上来。

五月中旬的一天晚上，胡律师外出有事，那位姓叶的律师猛然大驾光临，气势汹汹地把所有的操盘手都叫到大厅里开会。提高了嗓门，斥责操盘手们学习的态度不端正，只顾玩游戏。他极不客气地说："现在找不着工作的大学生，满大街都是。你们这些人就好像空瓶子一样，一旦受了污染扔掉好了，没什么好可惜的。我们可以在招聘会上，招大把大把的人过来。"他的这番话，把操盘手们吓得够呛，以为马上就要让他们走人了。

第二天，胡律师听闻此事，大为恼火。他安慰大家说："如果一个人买了十万块钱工商银行的股票，自认为是工商银行的股东了，难道就可以随随便便跑到哪一个营业部指手画脚吗？"

显然，胡律师与叶律师、王先生的管理理念完全不同，彼此的矛盾已经表面化了。胡律师感觉没有再跟他俩凑合下去的必要。过了两天，就跟他俩摊牌了，把这全部的人马都接手了过来。

从此，莘庄基地再也没有见到王先生和叶律师的影子，这给大家创造了一个宽松、稳定的环境。两个星期后的一个周日，王先生约我出来，说他想要再创建一个新的基地，想让我来管理，并且多少参一些股份进来。我婉转地拒绝了他，因为这是我按照自己的理念培养的第一批操盘手，我迫切地想看看，这套理念是否可行。

经历了这场风波，原本计划在五月中旬上实盘的进程，被迫耽搁了两个星期。在这期间胡律师找到了另外一位合作者，然后就是开始去期货公司开户。等这一切做好，已经是五月底了。

在6月1日这一天，千呼万唤始出来，莘庄基地终于开始正式进行实盘交易了，此前只是让一位操盘手尝试过那么几单而已。这一天，定下来四位选手上实盘，上午两个、下午两个。为了防止一些不可预知的事件发生，我始终小心翼翼地坐在他们后面。

上午一开盘，二位选手先是观望了十五分钟。九点半左右，行情开始活跃起来，两位操盘手不约而同都下了一单。其中一位，一单下去就赚了1500多元；另一位也不错，赚了700多元。真不错，开门红啊！大家听说他俩一开盘就赚钱了，都感觉很高兴。尽管其他人仍然在做仿真交易，但这正如吕永胜所说的，"他们一上实盘，我们也就有希望了。"

令大家兴奋的还不止于此。接着，他们又做了几单，尽管有亏有盈，但总的趋势看起来是在震荡上行的。将近十点的时候，一位操盘手已经赚到了3500多元，另一位也赚到了2000多元。其他做仿真交易的，也都借故出来打水，或者在上卫生间的时候，忍不住好奇凑过来看上两眼、问上两句。独乐乐莫若众乐乐，他们不问，我都想告诉他们呢。

然而事实证明，大家高兴得有点早了。十点左右，他们的成绩居然就成了当天的巅峰。虽然几经挣扎，也没有再大的突破。好像有一只无形的手拦住了他们前行的道路。可是不服气的他俩，在当时怎么会善罢甘休呢？他们选择了继续做下去。结果不仅没有再多盈利，反而一点一点地吐了回去。眼看吃到嘴里的东西，又吐了回去，这实在叫人有些气馁。到了十一点，凡是过来观看他俩业绩的人，都惊讶地发现，平仓盈亏减去手续费，他俩几乎是不亏不赚了。这下子，他俩更着急了，都不约而同地加快了节奏，一手接着一手地下单。说来也怪，其中一位操盘手连着做了八个来回，居然没有一手是对的。收盘的时候，最后一算账，其中亏了3000多元，另一个亏了2000

多元。

"哎，要是做一个小时不做就好了。"吃饭的时候，所有的人不无惋惜地说道。世界上有卖后悔药的那就好了。但是，我猜想如果时间真能倒流回去的话，他俩估计还会义无反顾地做下去，而绝对不会选择见好就收的。下午的两个选手也是同样的糟糕，这一天下来，总共亏损15000多元。

"哎，挑的这个日子就不好，怎么能在六一儿童节这天开始上实盘呢？这不是把期货交易当儿戏吗？"事后，有人开玩笑这么说。

第一天下来，居然做成这副光景。胡律师问我该怎么办，是不是都停下来。我说，心理的问题，只有多锻炼才能慢慢适应过来，最好不要因为一两天的亏损就对他们丧失信心；但这样的亏法也不是个事情，不如你确定一个可以接受的亏损额度，然后再减少两个人；与其让四个人每人做半天，不如把有限的资源集中起来，让两个操盘手做一整天，得到充分的锻炼；等到这两个人能够稳定盈利之后，再让其他人上实盘。如果是这样的话，估计也不会用多长时间，他们就也可以盈利了。

让两个人做一整天，是不是有点冒险？胡律师最后决定，还是让四个人继续做做看。第二天，不仅没有减人下去，反而又增加了两个人，结果当然也是一败涂地。

第三天收盘后，我们把六个上实盘的集中在一起，开了一个会。下一步到底该怎么走下去？我主张，应该缩小范围，规定一个可以接受的亏损额度，让一两个人放开来做，这样反而会很快出成绩。胡律师则主张，开始的时候，每天只让他们浅尝即止。最后，那六个人也同意了胡律师的方案。就这样决定下来，明天先休整一天，等到下周一开始，每人每天只做五个来回的交易。

可是等到下周一，胡律师又临时变卦了。他决定把所有的人都停下来，继续再做仿真交易。紧接着他又说，他想出了一个好办法，能够提高操盘手下单的准确率。我问，哪会是一个什么样的好办法呢。

他说，为了锻炼操盘手的心态，提高他们做单的准确率，应该人为地给他们施加一些压力。基于这样的考虑，他认为应该每天分上午、下午两次，登记操盘手做五笔交易的成绩，并按照一定的规则给他们打一个分数。

这套打分的规则是这样规定的，每错一单扣20分；与此同时，为了突出第一单的重要性，如果做对了，额外要加一分，前两单都做对了就加两分。光给他们打分数还不行，胡律师意犹未尽地说，凡是在60分以及60分以下的，都要扣五元钱；而如果是61分则可以免于罚款，因为这个操盘手的第一单做对了。周一到周四的时候，大家坐在各自的位置上做交易；而到了周五，则要把所有的人都集中到大厅里面做交易，这样更有竞赛的气氛。胡律师幽默地把平时的登记成绩叫作"联赛"，而把周五的集中交易称之为"杯赛"。等到周五结束了两轮"杯赛"之后，则要把所有的罚款，奖励给"联赛"和"杯赛"的冠亚季军。

他问我，这办法怎么样。我说，稳定的盈利决定于两个因素，一个是正确率，一个是盈亏比；如果片面强调准确率，会让他们养成一些坏习惯的。然而，他正沉浸在发明的喜悦之中，我的这个意见，并没能听进去。我问，那么实盘呢？什么时候再继续进行下去。他说，让那几个操盘手也停下来，都先练练五笔交易吧。

从那天起，这套考核制度执行了一个多月，搞得大家怨声载道。得到一两百奖金的人未必高兴到哪里，被罚钱多了的更是牢骚满腹，而且有两个人因为"联赛""杯赛"的成绩都排在了末位，被开除了。实际上，这套考核制度，不仅没有锻炼出什么有价值的东西，反而逼出了许多坏毛病。有道是："上有政策，下有对策。"这样的考核制度一经宣布，很快操盘手就想出了投机取巧的法子来破解。既然只要不亏损，无论多少都算数，那么何苦要冒险多赚呢？于是，有人只要一开仓，马上就把盈利只有0.6个点的平仓指令输进电脑。这就意味着，直接放弃了赚大钱的机会，只为了求一个"稳"字。与此同时，只要有了浮亏，他们也并不马上予以了结，而是要再等一等、再看一看。因为马上止损，就意味着100%的亏损，而等等、看看，还有机会能够转败为胜。就是这样，好不容易被操盘手们克服掉的"止损不及时"的坏毛病，又被重新逼回来了。

在这套考核制度执行的过程中，不下十个人跑过来跟我抱怨，说这套搞法毫无意义。由于心里抵触，开始的时候这几人始终也没有良好的表现，被胡律师认定是心态不好的人。我只能劝他们说，如果你不能改变环境，就只有学会适应环境；同时我也告诫他们，做五笔交易就是做五笔交易，千万不要太当真，不要把应付这套制度的技巧，也沿用到其余的交易时间里去，否则养成坏习惯就麻烦了。

很不幸，一个月之后，当恢复了实盘交易的时候，一个做五笔交易的佼佼者还真就把应付这套制度的技巧，运用到实盘交易当中去了。我明确地跟那个小伙子说，这是行不通的，根本就没有稳定盈利的可能性；你不能在盈利的时候，给自己设置一个天花板，而在亏损的时候却一味傻等。他亏得一塌糊涂，差一点被胡律师给开除掉。

6月底，实盘交易重新恢复。这次上实盘的人选，不再以仿真交易的成绩来论英雄，而是以五笔交易当中的表现来评定。这次上实盘，也不再让他们做半天，而是只做五笔。经过一个月的五笔交易专项训练，重新上实盘的几个人，并没有表现出任何特别之处，还是一样连续的亏损。由于环境的不够宽松，所有上实盘的都非常紧张。每个上实盘的操盘手都变得磨磨唧唧、犹犹豫豫，仿真交易当中那股凌厉果断的作风再也见不到了。五个回合的单子，有的操盘手居然能做半个小时，一个小时。

这种局面，直到马春斌上实盘，才得以彻底改观。马春斌还不到二十岁，胆子却出奇的大，上实盘时依然保持着"快进快出"的风格。只有他一个人，在第一次做实盘的时候，只用两三分钟就把五笔交易全部做完了，而且还盈利了。盈利的数额，尽管微乎其微，但影响却是巨大的。它仿佛暗夜里的一束火苗，给大家带来了希望。小马的做法，让大家在实盘之中，见识到了勇气和果断的力量。从那一天起，一向磨叽的几个操盘手，也逐渐加快了自己下单的节奏。

也是他的上实盘，才使得五笔交易的束缚开始松动了。小马做单的风格是很快的，他做完五笔交易，感觉就像猪八戒吃人参果，还没有尝到什么滋味。他感觉还没有过瘾，于是要求再做五单。答应了他之后，他还要做。有鉴于此，胡律师就规定只要他五单盈利了，就可以接着再做五单。看到紧闭的房门打开了一道缝儿，其他操盘手也趁机申请多做几单。就这样局面渐渐地打开来，最终不再对操盘手的做单量有硬性要求了。

在仿真交易向实盘过渡的这段时期，大家都感到非常苦闷。为什么一做仿真交易就大赚特赚，好像赚钱的过程，只不过是拿着鼠标一点又一点而已；可是一上实盘，又都纷纷败下阵来？正在大家感到"山重水复疑无路"的时候，猛然之间出现了转机。

"踏破铁鞋无觅处，得来全不费工夫"，这句老式评书里被用得很滥的套话，用到当时做实盘走出困境的情况，却是再贴切不过了。但是这一突破，却并非随着时间的推移，操盘手的心态逐步适应而发生质的转变的结果。

恢复实盘之后的两个多星期，所有的操盘手基本上都是在原地踏步，并没有见到一丝一毫转好的迹象。令大家没想到的是。当"抢反弹、抢回调"被当作一种雕虫小技，介绍进来的时候，却收到了意想不到的效果。

这种技巧是在一个操盘手做实盘的时候，我讲给他听的。我告诉他，当行情出现一波强劲的涨势或者跌势之后，由于存在着一股获利回吐的力量，势必导致短暂的回调。如果胆大一些，应该是比较稳妥的获利机会。跟他讲了之后，他还是不敢下手。于是，我就让他听我的指令，那天我们就这样做了，结果是五单做下来小有盈利。原本也没把这个小技巧太当回事，结果做实盘单的另外两个操盘手，也不约而同地采用了这个技巧。几天下来，所有上实盘的操盘手，竟然把这个当成救命稻草，干脆都暂时不做顺势行情，专心致志地抓起了回调和反弹。业绩也由此逐渐好了起来，不仅把前期的亏损弥补了回来，甚至还有了净盈利。

小马在起初上实盘的时候，表现很好，不过很快也暴露出了一些坏毛病，成绩也一直提不上去，就被胡律师停了下来，反省了两个星期。再次上实盘的时候，他对抢反弹和回调还很不以为然的，不过三两天之后，他也改弦更张了。

就是这样，以后凡是新上实盘的操盘手，居然都由"逆势而动"做起，度过了心理的恐慌期之后，然后再慢慢地开始做顺势行情，重新又敢于追涨杀跌了。

进入八月份，实盘交易的业绩一天好过一天，少一个账号就意味着少赚一笔钱。在这种形势下，胡律师和合伙的股东似乎才意识到账户远远的不够用了，这才开始紧锣密鼓地组织人去开户。一个月下来，总共盈利31万多，对于当时投入的资金来说，差不多盈利了25%。业绩最好的一天，几个账户盈利将近九万。

开始能够赚真钱了，这实在叫他们兴奋不已。每天九点之后，几个做实盘的操盘手就坐到了电脑面前，把应该设置的都设置好。就等着九点一刻开盘了。那股兴奋的劲头，就好像是站在赛马场起跑线上的马匹一样，跃跃满志地等着一放下闸门，冲出去。

有个操盘手甚至在晚上睡觉说的梦话，都和交易有关。马春斌还说，怎么交易时间这么短啊？要是星期六、星期天也能做交易多好，现在感觉周末过得都没有什么意思了。

到了九月中旬，账户还是不够用，紧开慢开也还是只开了13个账户。僧多粥少，有的只好两个人共用一个账户。因为已经有操盘手开始稳定盈利了，极大地激发了整个团队的斗志。到了这个时候，整个团队里，再也没有谁会对这套理念能不能赚钱心存怀疑了。后面一批上实盘的操盘手，大大地缩短了适应的时间，通常只需要四五天就开始稳定盈利了。

到了十月份，沪深300股指期货的行情异常火爆，操盘手的业绩更是来了一个大爆发。这个月，莘庄基地的总盈利，超过了投入资金的100%；其中有一个操盘手，有一天竟然在一手一手下单的情况下，盈利了七万多，这几乎就是一手保证金的50%；这个月的冠军操盘手，盈利四十余万。这对于一手保证金来说，几乎就是300%的利润了。最后一批上实盘，盈利最少的几个操盘手，业绩也达到了25%左右。

第二部分
超短线交易培训精讲

第四章　超短线交易的原理

这一章所要讲的是超短线交易的原理，目的是给学员提供一个基本的轮廓，指出一条明确的线路。考虑到学员对期货知识掌握程度的良莠不齐，因而对于最基本的一些概念也顺便地讲一讲。

期货交易的诞生

现代意义上的期货交易，起源于19世纪的美国芝加哥。当时美国正在进行大规模的中西部开发。由于毗邻中西部平原和密歇根湖的缘故，芝加哥很快就由一个小村落发展成为重要的粮食集散地。每年中西部的粮食首先集中在这里，然后再转运到东部地区。每逢收获季节，由于农作物短时间的集中上市，加之当时的仓库不足、交通不便，致使粮食价格一跌再跌，乏人问津。而等到来年春天，时逢青黄不接，粮食的短缺又使得价格一路飞涨，不仅使消费者深受其害，而且也使得粮食加工企业由于缺乏原料而忧心忡忡。

有鉴于此，粮食商率先行动起来，他们在交通要道附近设立仓库，在收获季节收购农场主的粮食，来年再发往外地，以求缓和粮食供求的季节性矛盾。由于囤积了大量粮食，粮食商因此承担着很大的风险。如果来年价格下跌，利润就会相应减少，甚至可能亏本。所以在购进粮食之后，他们会立即赶赴芝加哥，同那里的加工商、销售商签订第二年的供货合同，事先谈妥价格，以便锁住利润。这就逐渐形成了一种远期合约的交易方式，并在这个基础上组建了芝加哥期货交易所。

远期合约相比现货交易而言，当然是一个了不起的进步，但是在交易过程中依然存在着许多不完善的地方，比如粮食的品质、等级、价格、交货时间以及地点，都需要根据双方的具体情况来商定。而且一旦市场发生价格变化，这样的合同也很难再转让出去。此外，这样的交易还要承担很大的履约风险。

针对这样的情况，芝加哥期货交易所逐步推出了标准化合约；为了缓冲履约的风险，还实行了保证金制度，向订立合同的双方收取合约价值10%左右的保证金。这就促成了现代意义上的期货合约的诞生。又过了十多年，芝加哥交易所进一步完善交易制度，同意买卖双方可以使用对冲的方式转让自己手里的合约。也就是说，买卖双方不必非要等到合约到期，而是可以在到期日之前，把手中的合约以反向交易的方式转让出去。这样的制度设计，不仅使得原来的供需双方，可以很方便地把自己的风险转移出去，而且也由此吸引了大批投机客的加入，从而增强了交易的流动性。

期货交易的特点

期货交易的是标准化合约，除了价格之外，其余所有款项，诸如商品的品质、等级、规格、交货时间以及交货地点等等，都已经被期货交易所预先规定好了，因而交易双方不需要再对合约的具体条款进行协商。这就为交易双方提供极大的便利，不仅简化了许多中间环节、节省了大量的交易时间，而且极大地减少了发生纠纷的可能性。这是错综复杂的现货交易所无法比拟的。

期货交易实行双向交易，也就是买卖双方在交易的时候，既可以选择先行买入期货合约开始交易，然后再卖出平仓予以了结；也可以选择先行卖出期货合约，然后再买入平仓结束一笔交易。这两种方式都可以同样方便地进行，而不会有任何问题。

期货交易具有对冲机制，也就是说，交易者在建仓之后，并不一定非要等到最后到期日履行合约，而是在这之前的任何一个交易时间，都可以把持有的合约再转让出去，从而很方便地解除履约的责任。具体来说，买入建仓之后，可以通过卖出相同的合约退出市场；卖出建仓之后，可以通过买入相同的合约退出市场。这样的制度安排，不仅免除了实物交割的许多麻烦，而且也为投机客赚取差价创造了机会，同时也降低了交易者进入市场的门槛。

期货交易实行保证金制度，也就是说，交易者在进行期货交易的时候，并不需要支付货款的全额，而只需要缴纳少量的保证金，比例一般为成交合约价值的5%到10%。正是这样的杠杆机制，使得交易者可以用极少的资金，进行十倍乃至十几倍的交易，从而使期货交易具有高风险、高收益的特点。

举例说明，如果期货合约要求的保证金是5%，这就好比拿5元钱就可以控制一笔价值100元的合约。当这张合约涨到105元的时候，对于整个合约的价格来说，只不过上涨了5%；对于投入的保证金来说，如果忽略手续费不计，就赚到了100%的利润。反之，如果100元的合约跌到了95元，对于投资者而言，也就差不多赔光了本钱。期货交易高风险高收益的特点，由此可见一斑。

期货交易是"零和"游戏

根据买卖双方相互依存的原则，在任何一个成交的价位上，必然都是既有做多的，也有做空的，而且做多与做空的数目相等。这就意味着，在一定时间框架之内，必然有人做对方向，有人做错方向。做对了方向，在平仓的时候，减去手续费如果还有盈余，那就意味着这一笔交易赚钱了；如果减去手续费，账面显示的是负数，那么即使做对了方向，这一笔交易也还是赔钱了。做错了方向，就更糟糕一些，在平仓的时候，不仅会亏损一定的点数，而且也要照样支付相应的手续费。

为什么做对、做错方向，还要加上一个时间的框架呢？因为行情的变化并非单一的直线运动，而总是涨中有跌、跌中有涨的。这就是说，即便大的趋势是上涨的，中间也会有小幅度的回调；在回调的这个时间段里面，如果一个操盘手选择了做空，只要有足够的空间，并且能够及时地平仓了结，也照样可以盈利。反之亦然，在一波大的跌势里面，也会有短暂的反弹；如果果断地进出，即使是做了多单，也一样有获利的机会。理论上来讲，只要保证金足够，交易的时间框架可长可短，长的可以坚持到最后的交割日，短的只需要一两秒钟。

投到期货市场里的资金，并不具有再生的功能，这一点与实体买卖不同，也和股票市场不同。这个特点决定了，如果有人赚钱，那么一定就有人亏钱。一笔买卖发生之后，资金就会从这个人的账户上，转移到了另外一个人的账户里面，如此循环往复下去。"有人赚，就必然有人赔"，这是期货市场的游戏法则。这就意味着，每一个参与交易的人，相互之间都是竞争者。因而，谁也不能指望这个市场白白地送钱给你，如果你赔了钱，你不能抱怨别人，更不能责怪市场，只能怪你自己技不如人。

在一个理想的状态中，如果买卖双方无须支付任何手续费用的话，期货交易就是一个"零和"游戏。也就是说，所有参与交易的投资者当中，所有赢钱的数目应该与所有亏钱的数目相等，两个数字一正一负，加在一起，应该不多不少正好等于零。

然而，期货交易的真相还不止如此，整个交易池里的资本金，并不只是在赢家和输家之间发生转移，它还会逐渐地损耗下去。这是因为期货交易所、期货公司要维持正常运转，必须要有人员、场地、设备等成本的投入，此外还要赚取一定的利润，这些费用全部都要分摊到每一个参与交易的投资者身上。如此一来，期货交易只要不断地进行下去，市场的原始资金就会越来越少。假如再也没有新鲜资本的加入，那么交易池中的资本，被消耗殆尽是迟早的事情。交易费用是一个不可小视的问题，尤其对于超短线交易来说，更是如此。

据统计，沪深300股指期货自从2010年4月16日开市，交易一年左右总成交金额为107.26万亿。这其中的每一分钱，中金所都会按照万分之0.5的标准来收取费用，光是这笔费用就高达53.63亿元人民币。另外，期货公司还要收取一定比例的佣金，不过这个比例相对要小得多。由此可见，中国金融期货交易所才是股指期货市场里面最大的赢家。

稳定盈利依靠什么？

随便翻看一下任何一幅期货行情的走势图，很容易就会发现，无论涨势多么迅猛、跌势多么凌厉，一波行情极少以直线运动的方式一鼓作气、一蹴而就，而总是以涨中有跌、跌中有涨的曲线方式发展、演绎的。

为什么行情会是以这样的方式来运行呢？因为市场是一个由为数众多的投资者共同参与而构建的，每时每刻我们身处的世界，都在发生着或大或小的变化，每一个参与其中的人对于趋势的判断也就各有不同。

那么，在这个变动不居的市场里，如何才能把握行情，实现稳定的盈利呢？这是一个值得深思的问题。这个问题一经提出，马上有人会自然而然地想到，应该对市场行情多加分析，找出其中的规律，那样就可以破解趋势变动的密码了，从而在期货交易当中无往而不利。也就是说，应该把重点放在如何解读市场上面。这是一个很自然的逻辑。

沿着这个思路推理下去，会有哪些可能的途径呢？顺理成章地就会有人想到，应该基于供求关系去判断期货行情的合理性，或者基于统计学的原理分析过去的行情走势，并找出其中规律性的东西。

事实上，的确有人就是这么做的，一些雄心勃勃的人士，据此而发展出了两大分析体系。前者就是所谓的基本分析，后者就是所谓的技术分析。这两类体系至今也还在发挥着作用。试看一下在那些综合类的书店里，往往数量最大、种类最多的一类书籍，就是有关证券分析的，你就可以知道这些理论受欢迎的程度，已经到了什么地步。

那么这些理论实际使用起来的效果如何呢？对于基本分析，普遍的看法是有用，不过精确度太差，因而只适用于判断长期的、大的趋势，对于短线来说，用处则不是很大。对于技术分析，就连那些运用娴熟的分析大师，也不得不承认，具体怎么运用，那绝对可以称得上是一门艺术。一谈到"艺术"这个词汇，我们的脑子里会闪现一些什么念头呢？我们马上就会联想到诸如：主观的、深奥的、暧昧的、灵活的、不明确的、非刻板的、似是而非的、模棱两可的、耐人寻味的、可意会不可言传的，等等字眼。

居然把技术分析称之为"艺术"，这到底是对这套理论的恭维还是讽刺呢？这究竟意味着什么呢？这实际在说，这套理论并没有那么好用。这也就难怪，在实践当中，即使你能够把技术分析融会贯通，你的业绩也未必会比完全不懂技术的人好；而如果你掌握的只是半瓶子醋的水平，只会生搬硬套的话，那么这些手段反而会起到适得其反的作用。

追本溯源，技术分析的种种手段被发明出来，无非就是为了一个目的，就是想要在变动不居的市场当中，寻找一些"确定性"。这个目的能够达到吗？从本质上来看，这个目标可以很接近，但却永远达不到终点。

有效的未必复杂，复杂的未必有效。有没有更为简捷的方法实现盈利呢？有的！实际上我们根本不必舍近求远，一个操盘手只要依靠自己的直觉，就完全可以在短暂的时间框架内，对行情做出正确的判断，从而实现稳定的盈利。这就是说，你根本无须关注基本面的变化，也不需要掌握什么技术分析，只需要保持心态平和，客观、冷静地观察行情的短期变化，就完全能够实现稳定的盈利。

为什么依靠直觉就可以？

仅仅依靠直觉做交易，是不是不靠谱，是不是"悬乎"了一点？事实上，这是一种很实在的方法，仔细分析一下，运用直觉做交易一点也不神秘。

要想让直觉充分地发挥效用，在做交易的时候，首先就要放弃对行情的主观预测，而代之以冷静的观察。观察什么呢？主要观察行情在短时间内演化的速度和力度，以便于判断行情是否还可以继续，还是已经到了强弩之末。

我们用于下单的依据，本质上只有两条原则，这就是，惯性定律与辩证法。依据这两条原则,在短时间的框架之内,一个人的直觉完全可以做出正确率极高的判断,再辅之以及时止损的措施,实现盈利并不是一件困难的事情。关键就看你能不能放下心中的胡思乱想,有没有坚决果断的勇气了。

牛顿第一定律,也被称为"惯性定律",具体的内容是这样表述的:"任何物体在不受任何外力的时候,总保持匀速直线运动状态或静止状态,直到有作用在它上面的外力迫使它改变这种状态为止。"这条定律不仅仅适用于物质运动,同样也适用于行情走势的运动。

具体来说,当一波行情启动之后,在大量跟风盘的涌入之后,在一定的时间之内,这波行情同样是不会那么轻易改变方向的。尤其是在成交量很大,演化速度非常快的情况下,更是如此。这样一来,就给操盘手创造了绝佳的机会。这个时候,只要坚决果断地追进去,通常是可以获得一些利润的。

朴素的辩证法,讲的是"否极泰来、乐极生悲"的道理。这同样也适用于期货交易。一波再好的行情,即使力度再大、速度再快,也终有回头的时候。而且越是爆发式行情,随之而来的回调空间就会越大。因为在这波行情再也走不动的时候,一股获利回吐的力量,就会紧接着奔涌出来,从而促使行情朝着相反的方向运动。这个时候,只要操盘手果断介入,通常也会有不错的收获。

在极短时间的框架之内,运用这两条法则,只需要关注行情短期的变化,就完全可以应付交易了,既不需要看主要趋势,也不需要看次要趋势。具体而言,在做交易的时候,操盘手只需要观察"一分钟K线图"就可以了。在极短的时间框架内,比如一两分钟,乃至几秒钟,直观的判断丝毫也不会比技术分析逊色。

为了最大限度减少不必要的干扰,最好把附着在"1分钟K线图"上的几根移动平均线也一并去除。观察的东西越简单、越纯粹,就会越专注,交易也会越果断;反之观察的东西越复杂,相互之间的矛盾也会越突出,交易的时候也就会得犹豫不决、瞻前顾后。

在这方面,考虑因素的多少与下单的果断程度正好成反比。考虑得越多,下单就会越慢；考虑得越少，下单就会越果断。为了争分夺秒、义无反顾，必须抛弃任何技术分析手段，因为一个人在刹那之间，能够处理信息的数量是极其有限的。某种意义而言，超短线交易就是一门抢时间、争速度的艺术。

如果做错了，怎么办？这个问题问得好！任何手段都不可能保证只对不错、只赚不赔，运用直觉的交易同样也是如此，做错了处理方法也很简单，赶紧平仓就是了。

稳定盈利必须讲究策略

做交易必定有亏有盈，只想盈利，不想亏损是绝对不可能的。赚了又要亏回去，那还怎么赚钱呀？在连续不断的交易过程中，只要能够盈多亏少，最后还是能够盈利的。稳定盈利的秘诀就在于，调节盈利与亏损之间的比例，同时兼顾一下准确率。为了更好地理解这个道理，我们不妨回顾一下"田忌赛马"的故事。

在这个故事当中，田忌与齐王的马匹，按照脚力的水平，大致都可以分为上、中、下三个等级；不幸的是，齐王每个等级的马匹都要比田忌的略胜一筹。如此一来，要是严格按照等级来比赛，田忌注定是要输的。为了扭转这种局面，就必须运用一定的策略。于是孙膑建议田忌，在马匹的出场顺序上做一些调整，具体说来就是，用田忌的下等马应付齐王的上等马，用田忌的上等马迎战齐王的中等马，用田忌的中等马迎战齐王的下等马。就是这样，三场比赛结束之后，田忌反败为胜，以一负两胜的成绩，赢得了齐王的千金赌注。

这个故事告诉我们，整体策略远比个体的实力重要。那么如何制定正确的策略？首先要有一个"实事求是"的态度，清醒地认清形势。对于期货交易来讲，我们要认识到，无论如何努力，也不可能总是找到精准的入市、出场点位。这就意味着，有时候看错行情，亏了钱是不可避免的事情；企图通过提高"正确率"达到稳定的盈利，这条道路很难行得通。在期货交易当中，对一半、错一半，一点不难做到，属于再正常不过的正态分布。心态好一些的话，正确率可以达到60%上下，这就是一个相当不错的比例了。如果想要一直保持在70%左右的正确率，就会变得相当困难。再想要追求比这更高的正确率，那就是一件可遇而不可求的偶然事件了。那么想要稳定盈利，需要多大的胜算呢？实际50%左右就足够用了，也就是做对一半，错一半。在这种概率下，只要能坚持输少赢多的策略，也一样可以获利。

做交易必然有输有赢，要想最终盈利，就必须站在全局的视角通盘考虑，不能过分在意一城一地的得失。错了就赶紧出来，对了就尽量拿得长远一些。一句话概括就是："及时止住损失，让盈利充分增长。"这就是一个简单而有效的原则。在这个原则的指导下，盈利的部分除了用于弥补损失之外，还会另外有所盈余。这就是一个超短线交易的操盘手，所能够赚到的合情合理的利润了。

在某种程度上，交易就是一个随机试错的过程。不要太在意正确率，只要你心平气和地观察，摒弃任何私心杂念，正确率也不会差到哪里去。事实上经过一段时间的训练，一个操盘手凭着直觉，完全可以做到65%左右的正确率。一味地追求正确率，反而会带来一系列的问题。一旦有了这个念头，就会自然而然地走回到寻找"确定性"的老路数上来，下单的时候必然会有所迟疑，止损的时候也必然不会那么心甘情愿，止盈的时候总是担心行情稍纵即逝。这样一来，盈利就会变得十分艰难。

实际上要想稳定盈利，应该把关注焦点放在"盈亏比"方面。通俗地讲，就是每次赚钱的时候要尽量多赚一些，每一次亏钱的时候要尽量少亏一点。如果平均盈利的水平，相比平均亏损的水平，能够高出很多倍，那就足以叫一个操盘手获利许多了。

如何才能够做到这一单呢？开源节流的途径无非有两条：一条是努力多赚，也就是努力地增加"盈亏比"分子的数值；还有一条就是要尽量少亏，这样可以减小"盈亏比"分母的数值。

道理是这样的，不过前面一个途径，执行起来具有很大的不确定性。因为好的行情具有可遇不可求的性质,并不是谁想要就能有的事情;这就是说,企图通过努力多赚的办法达到稳定盈利,并不是太好把握。实际上,后面的一条途径,也就是尽量少亏钱,这在某种程度上反而是一个操盘手能够控制的事情。这既是说,及时、果断的止损,可以大大地提高盈利的水平。

期货交易的风险是很大,的确也有时候,会给操盘手带来猝不及防的巨大损失,不过这也只是小概率事件而已。在绝大多数的情况下,期货交易的损失还是完全可以控制的,这全要看操盘手的止损意识与执行力够不够强大了。

超短线交易的理念

运用直觉进行交易,就是这么简单:在极短的时间内,看到上涨就跟着买进,看到下跌就跟着卖出,看到一波行情难以为继就抢一个回调或者反弹;建仓之后,有了浮盈、惯性的力量没有衰减就多放一会,让利润充分地增长;发现苗头不对,就马上止损,把损失控制在有限的范围之内。在整个过程中,始终都要保持心态的平和,要冷静、客观地观察行情,拒绝任何过深、过远的预测、分析。这几乎就是超短线交易的全部要领了。

在超短线交易当中,需要特别强调的有两个因素:一是短暂的时间,二是客观的观察。这种操作方式类似于麻雀的捕食,我们完全可以把这种策略形象地称之为"麻雀战术"。在自然界中,麻雀是一种异常机警的动物。在觅食的同时,它们一丝一毫都没有忘记危险的存在。你看它们,总是密切地观察周围的环境,一旦瞅准时机,就猛地飞下去叨上两口,接着就赶快撤离,飞到一个安全的地方;然后再一次地观察时机,看准了再下去。麻雀为什么会以这样的方式进食呢?因为它们知道相对于这个危机四伏的世界,自己是无比渺小的;面对强大的敌人,自己身单力薄,实在是太微不足道了。这就是一种务实的态度,更是一种生存的智慧。

与之类似,超短线交易者也抱着务实的态度,知道自己能做什么,不能做什么。超短线交易者对未知的市场,同样心存敬畏,承认自己对于行情的预测无能为力,彻底放弃了企图战胜市场的勃勃雄心。这是超短线交易者的生存哲学。

尽管对于预测行情,超短线交易者抱着消极、悲观的态度。但是在极短的时间框架内,超短线交易者又认为,自己是可以有所作为的,因为那在某种程度上是可以掌控的。于是,他们专注于当下,积极行动起来。从这个意义来看,应该说超短线交易者对自己更有信心才对。因为对自己有信心,所以他们可以"赤膊上阵"而无须借助任何外在的工具去分析什么、预测什么、确定什么,他们相信自己眼睛所见到的一切就是市场真实发生的一切,根本不想枉费心机揣测行情背后还隐藏着什么另外的玄机。

与其他的交易手法相比,尽管每次赚的利润微乎其微,超短线这种交易方式,却具有其他交易方式不可比拟的优越性。

就是风险极小。日内交易,顾名思义这种方法有一条必须坚守的底线,那就是绝对不能持仓过夜。仅就这一条,就可以把风险降低到一个极小的范围。超短线交易,又是日内交易当中的极端方式,因而其承受的风险更是限定在了一个微乎其微的地步。试想一下,一笔进出时间,短的只有一两秒钟,长也不过就是一两分钟的交易,与一个跨越几天、甚至几周的交易,哪个风险更小呢?答案是不言而喻的。风险小了许多,操盘手感受到的压力,也就会相应地减少了许多。

风险是小多了,那么这种方式的盈利水平,是不是也会跟着打一个折扣呢?这就不见得了。尽管看起来,时间框架稍微长一些的交易,每一笔赚得要比超短线交易多一些,但是由于时间长,资金的周转率也会随之而降低,最终的结果未必会有这种方式的盈利水平高。事实上长期下来,运用超短线的方式进行交易,盈利水平要远远高于长线交易。

当然这种盈利方式也不是没有缺陷的,那就是每次下单的手数不能超过一定的数目,否则就会有一部分单子无法成交。也就是说,这种方式能够允许动用的资金量是有限的。而且这种方式,对于网速的要求也是极高的。不过这种局限，可以用多个账户、多个操盘手操作的方式来弥补。

这就会涉及一个操盘手培养的问题，好在这是一种极易入门的盈利模式。试想如果要参考许多技术分析的指标，做长线交易，那么培养这样的操盘手将会是很困难的。超短线的交易则大不相同，由于参考的东西很少，需要操盘手掌握的东西也就很少，因而在一个月左右的时间里，也就完全可以培养出合格的操盘手出来。

心理状态最关键

期货市场具有的杠杆效应，以及对冲机制，使得期货交易充满了机会。在这个市场当中进行投机，对于一些人来说，成功也许就近在咫尺；对另外一些人来说，却远在天涯，往往看似触手可及，可好像隔着一层坚硬的钢化玻璃，似乎永远也突破不了。这其中的差异，究竟在哪里呢？其实就在一个操盘手的心里。一个操盘手心态的好坏会直接决定他能够走多远，盈利多少。

期货市场天然具有可以双向交易的特性，这就意味着，在任何一个点位做交易，正确的概率都有50%。正是存在着这样的一个概率，使得盈利看起来，并不是那么的艰难。事实上也是如此，即使一个操盘手的水平再差，他的交易也绝对不可能只有亏损，而没有任何盈利的时候。

盈利一笔两笔，甚至连续盈利许多笔，并没有什么值得称道的地方，原本就是一件稀松平常的事情。但是能够盈利这一事实，却足以点燃起一个操盘手的勃勃雄心。因为面对成功与失败的时候，普通人都有这样一种错误的心理倾向，这就是往往把成功归功于自己的努力与天分，而把失败归咎于种种不利的客观条件。当一个新手有一些飘飘然的时候，他们很快就会发现，期货市场中的钱来得容易，去得更快。这种得而复失的经历是谁也摆脱不了的宿命。偶尔的盈利并不难，难点在于，很少有人能够稳定、持续的盈利。稳定盈利需要的是，良好的心理素质。

在空中翱翔的飞机，最怕迎面飞来的小鸟。在高速公路上，哪怕是轻微的不平整，也会给行驶的车辆造成危险。那么在一个把风险和利益放大了十倍、十几倍的期货市场做交易，最害怕什么呢？最害怕的就是心态不好、情绪不稳。在瞬息万变的行情当中，哪怕只是须臾的疏忽，也足以招致巨大的损失。这个过程往往是微乎其微的，极不容易被觉察到，这也就是心态难以把握的原因所在。良好心态是一切交易方式所必需的，超短线交易更是需要良好的心态。

在心态良好的情况下，一个操盘手看行情的变化是不带任何感情和主观色彩的，看山是山，看水是水。而心态不好的情况下，就会在该下单的时候，心生怀疑，从而贻误时机，同时又会在该止损的时候，拖泥带水地流连观望，结果把小的损失变成了一个大损失。

始终要保持一个客观中立的心态，仔细地观察行情的变化。内心既不要害怕什么，也不要期盼什么。这样就可以看出行情的本来面目，而不会被表面的现象所蒙蔽，更不会产生不必要的幻想。

对于交易而言，保持良好的心态，不论如何强调都不会过分。可是心态并不是一个人想要保持良好，就能好起来的。对于一个没有经过多少实战的新手来说，无论他如何小心翼翼，告诫自己一定要如何如何，一定不能怎样怎样，有些错误还是会照犯不误。在冲动的情况下，对于信息的解读就会出现这样那样的问题。这就使得他很难客观地看待行情，就会犯下入市过早或过晚、止损不及时、止盈太仓促等等的错误。

对于一位技艺高超的操盘手而言，面对账面盈盈亏亏的变化，他的心理应该是平静如水的，甚至是"麻木不仁"的。既不会因为暂时的盈利而沾沾自喜，也不会因为暂时的亏损而心慌意乱。也只有这样，他才能自始至终抱有一个的客观态度来观察行情的变化。

培训的重点不在于别的什么，就是要磨砺一个人的心态。唐僧师徒四人去西天取经，经历了九九八十一难，最后才修成了正果；一位刚入市的新手也必得经历涨涨跌跌的起伏，久而久之才有望到达宠辱不惊的境界。对于这一点，操盘手一定要有足够的认识，觉悟得越早，进步才会越快。

第五章　培训的理念

《圆觉经》如是说："一切众生皆具如来智慧德相，只因妄想执著，不能证得。"对于哪些人适合做操盘手，哪些人不适合做操盘手，我也持有同样的观点。正是基于这样的理念，我对所有招聘来的人都有信心，主张精耕细作，反对粗枝大叶。

为了更有效地进行培训，就有必要制定一个合理、详细的计划。事先把学员们成长的路线规划好，并且要把这条路线指给他们看、给他们讲解清楚，这样才能让学员充分认识、理解什么事情能做、什么事情不能做，并进而转化为坚定的信念，毫无保留地执行。

从一个懵懂无知的学员，成长为能够稳定盈利的高手，大体会经历以下四个阶段：

第一阶段，对于期货的相关概念一片空白，既没有理性的认识，也没有感性的认识，更不可能有盈利的能力。这个时候，一定要让他们多做单，迅速地积累感性经验。

第二阶段，累积了一定的感性认识之后，就要给学员讲清楚盈利背后的原理，要让他们懂得如何做、需要恪守哪些原则才有可能稳定盈利。只是"知易行难"，尽管懂得了背后的道理，不过距离稳定盈利，还有很长的一段路要走。这个阶段，他们还是会顾此失彼，依然还是很难稳定盈利。

第三阶段，随着进一步的磨炼，学员不仅深谙稳定盈利背后的原理，也逐渐拥有了可以稳定盈利的能力。不过这个阶段，他们还会自觉不自觉地犯一些错误，还需要时不时地回到理性的层面思索、检讨一番。

第四阶段，操盘手稳定赚钱的能力，已然转化成一种牢不可破的习惯。

一旦到达了这个境地，他们可以随心所欲地下单，也会左右逢源，无往而不利。这个时候，脑袋里面完全可以不必理会盈利背后的那些条条框框，也可以极其顺畅自然地达到"从心所欲不逾矩"的地步。

培训之前的告诫

刻苦钻研的精神固然可贵，但并非用在什么地方都合适。尤其是努力的方向南辕北辙的时候，更是会带来致命的后果。对于超短线交易操盘手来说，"为学日增，为道日减"这句话是很值得玩味的。

培训之前，首先不能忽略的一项工作，就是告诫学员不要去看任何有关技术分析方面的书籍，因为那注定是一件费力不讨好的事情。如果很不幸，一位学员已经对技术分析方面有所涉猎，那么最好也赶快把那套东西抛到一边。技术分析，在超短线交易当中，不仅不好用而且还会起到一定的副作用。这话绝非危言耸听，一定要认真加以对待。

知识的多少与果断性的强弱是一对矛盾，懂得越多、想得越周全、越想着求稳，果断性就会越差。道理很简单，一个人在很短的时间内，处理信息的能力是有限的。在一刹那间，一个人依靠直觉去判断一件事情，速度会很快；而如果运用逻辑去推理，则会很慢。

勤于钻研，最后倒在故纸堆里的例子屡见不鲜，笔者见过很多。一些操盘手在招来的时候，什么也不懂，对于行情、走势也说不出个一二三来，可是做起单来，却很有灵性。后来为了进一步提高自己的操作水平，以为开卷有益，就找来一些技术分析方面的书籍看。不久之后，你一定会发现，这些人每当议论起行情、走势的时候，往往能说得头头是道，可是操作的水平却与日递减，甚至最后惨遭淘汰，这方面的教训不可谓不惨痛。有关技术分析何以竟成了超短线交易的绊脚石，后面的章节会有详细的解释。

如果操盘手的操作水平到了一定程度，感到很难有所长进的时候，最好先去查找一下心态方面的原因，而不要企图在其他的领域寻找突破口。对于超短线交易来说，努力地钻研技术分析，绝对是一件舍近求远的行为。

其次，也不要关注任何有关行情方面的信息，尤其那些所谓"专家""分析师"的分析就更是一钱不值。无论对与错，这些信息对于超短线交易都没有任何帮助。不仅没有什么帮助，反而会有一定的负面影响。这些东西一旦听进去，会根据一个人相信程度的不同，而造成不同程度的"先入为主"的影响，并进而造成不同程度的干扰，而且这种干扰会在不知不觉之中发挥潜在的破坏作用。

最后，不要参与任何有关行情未来走势判断的研讨。别人说的你不要听，自己也不要对别人发表什么高明的见解。任何一条有关这方面的信息，都有可能在你不自觉的时候，发生一些影响。这些信息往往会在你需要果断建仓的时候，动摇"军心"；而在需要果断止损的时候，又让你变得犹疑不定起来。这同样也是一个很不好的习惯，往往害人害己。

给学员一定的告诫是绝对必要的，并非可有可无。把一些坏的东西、没用的东西扼杀在摇篮里。这就好比围起了一道堤防，这样水的流动就会自然而然地导向正确的去处，也会相应减少一些不必要的麻烦，有效地节省培训的时间。

先要做够一定的数量

起初大多数操盘手对期货一无所知，对行情的点数、乘数所能带来的收益与亏损也毫无感觉。如果一开始就对他们提出做单质量的要求，不仅无异于缘木求鱼，而且还会让他们养成畏首畏尾的坏习惯。

训练要循序渐进，由易而难地展开。那么最初应该对他们提出什么要求呢？起初学员除了缺乏经验之外，还缺乏胆量、存在不切合实际的幻想。要解决这些问题，就要鼓励他们勇于尝试，多做单、快做单。为此，在开始的时候，要硬性要求他们每天必须做够一定数量的单子，与此同时却并不提出任何盈利的要求，也不限制他们的亏损额度。这样才能迅速积累经验，熟悉市场的"水性"。

那么这个数量定到多少合适呢？对于沪深300股指期货来说，每天至少要做够270个来回，这意味着，每一分钟至少要进出一个来回。一上来就给他们提出这样的要求，是不是有点赶鸭子上架的味道？表面上看起来好像是有点勉为其难，实则不然。我们只需简单计算一下，就不难看出其中的端倪。沪深300股指期货，目前每天的交易时间是四个半小时，折合成分钟计算就是270分钟，折合成秒钟来计算就是16200秒钟。一个快进快出的操盘手，短的完全可以在一两秒钟之内完成一笔交易，长的也不过一两分钟。一个来回如果按照平均10秒钟来计算的话，16200秒的交易时间，也足够进出1620多回了。因而，要求学员一天至少做够270个来回，并不是一个什么过高的要求。

一个来回，一进一出，需要做两张单子，也就积累了两次判断的体验。这样一个月下来，学员也就差不多积累了一万多手的交易量。有了这样的做单密度和频率，学员的成长速度就是想慢，恐怕也难。如果没有做单量的硬性要求，一些学员势必会拖拖拉拉、左顾右盼，一天下来做不了几张单子，一个月下来，经验的累积也就会相差很远。

起初尽管并没有要求学员一定要盈利，不过有了多做单的这个前提，距离稳定盈利的目标也就不远了。这几乎是个自然而然、水到渠成的过程。开始的时候，他们可能会觉着，一天做这么多单有点勉为其难，不过很快也就能适应这种节奏了。这之后，即使并不要求他们一定要盈利，他们也会自觉不自觉地将这个目标一并加入训练当中去的，这是人的本性使然。我们不要求他们一定要盈利，只不过不想给他们太多的压力而已，这样他们才可以把重点放到量的追求上。

多做单、快做单的好处

首先，可以迅速累积盘感与经验。行情风格的变化，并非总是一成不变的。不仅每天的行情风格不一样，就是每时每刻的变化也是不一样的。有时候急促，有时候缓和；有时候明朗，有时候诡异；有时候活跃，有时候沉闷；有时候稳健，有时候轻飘等，总之，风格各异，姿态万千，不一而足。

如果对操盘手的做单量没有什么要求，其结果必然就是挑肥拣瘦，遇到自己擅长做的行情，就会兴奋莫名，频频出手；遇到自己不适应的行情，则会犹豫观望，裹足不前。这样就很难达在短期内得到全面发展、全方位锻炼的目的。逼迫他们要保持一定的做单密度，这样就会遭遇到各种各样的行情，就可以得到各种各样的锻炼，这样更有利于迅速积累经验、培养盘面的感觉。

其次，可以迅速锻炼出操盘手的胆量，挤占学员胡思乱想的空间。心如平原跑马，易放难收。如果只是让他们尝试着去做，而不加以任何要求的话，那么他们在做单的时候，势必会患得患失、畏首畏尾。这绝不是有谁能够凭着一两句激励的豪言壮语，就可以打消掉他们的顾虑，从而使他们健步如飞的。因为他们自己也会给自己施压一些压力。

既然没有对他们提出盈利多少的要求，只不过随便做做仿真交易而已，又有什么值得害怕的？又有谁会没有胆量呢？实际上争强好胜是人的本性，压力也就无所不在。不说别的，就拿玩游戏来说，只要你玩得很投入，都会给自己造成一定程度的压力。操盘手也是一样，尽管没有要求他们盈利多少，但是当你告诉他们怎么看盘，什么叫亏、什么叫赚的时候，他们很自然地就会进入到设定好了的情景当中。于是他们自己就会提出一定的要求，他们会暗自激励自己，尽量多赚少亏。一旦有了盈利的期许，必然会心生妄想。在操作的行为上，也就立竿见影地表现出来。如此一来，他们马上就会感受到压力的存在。如果这个时候没有做单量的要求来牵制他们，他们势必会放任自流，本能地寻找一些确定性的东西。他们一定会左顾右看，选择一个自认比较稳妥的时候才肯下单。这样，他们势必会在应该开仓的时候，表现得犹豫不前；一旦亏损了，常常又拖泥带水，不肯及时了断。这些都是期货交易应该力求避免的行为模式。如果任由他们自由发挥，这些坏习惯就会得到巩固和进一步发展。

然而，一旦提出做单量的要求，就好比硬性地赶着鸭子上了架，这个局面也就会发生微妙的改变。尽管这样做，还是不能完全杜绝犹豫的倾向，不过显然已经把这个时间给大大地挤占、压缩掉了，已经容不得他们反反复复考虑了。试想一下，如果平均一分钟一个来回，那么平均30秒钟也就要做出一个抉择，在如此短暂的时间里，他们即使还要胡思乱想，客观上也就没有多少工夫了。迫于形势，为了完成做单量，他们就必须在感觉差不多的时候进去，有所盈利可以稍事停留；如果有了浮亏，就得马上予以平仓。如果不是这样，后面做单的时间就会被挤占掉。因此，起初的一个"快"字就可以在相当大的程度上解决许多的问题，会把一些坏习惯的潜在影响降低到最低限度。

直到他们再过一阵子，应付做单量已经渐渐变得轻松自如、游刃有余，他们才会腾出一些额外的精力，才会重新萌生盈利的愿望。不过这个时候，在行为模式上，他们已经养成了根深蒂固"开快枪"的习惯。也就是说，超短线交易操盘手最可宝贵的品质——胆大、果断，他们已然具备了。

审视每天交易的质量

通过一段时间的频繁交易，学员对于超短线交易已经积累了相当程度的感性认识。一天到晚地快进快出，看似一场昏天黑地的混战，了无头绪，实则不然。在整个做单过程中，既不可能全都做对，同样也不可能全都做错，有亏有盈是必然的结果。盈了，自然会感受到一点点成功的愉悦；亏了，自然也会感受到一点点的沮丧。尽管，这么"一点点"，只是很微小的量，但不也是一种经验与教训的累积吗？

每个人都有很大的潜力，对环境的适应能力也都很强。经过成千上万次的重复，他们自然会在混沌中摸索前进，最终会在变动不居、盈亏不定的市场环境中获得平衡的能力。他们很快会迎来曙光乍现的时刻，开始一点一点盈利了。这个过程是一个极其自然的过程，即使不再施加任何的外在影响，他们的业绩也会一天好过一天的,只是一个快与慢的问题。

不过,为了使他们能够在理性层面上对于盈利的本质有一个认识,以便尽早稳定盈利,接下来就要让他们收盘后做一些的功课了。做功课的目的是要让他们对自己的交易仔细地审视一番,从而对第二天的交易起到一定的警示、规范、调整作用。为此,我设计了一个"盘后统计表",要求他们在每天收盘后,认真填写。当然单从理解的角度来讲,这张表格只要做一两次,也足以让学员理解盈利背后的数字关系了。但是光理解是不够的,还应该不断地强化,才能转化为根深蒂固的信念。

盘后统计表

操盘于　　　　　　账号

日期	成交	手续费	平仓盈亏	净盈亏	盈利	亏损	正确率	盈利均值	亏损均值	盈亏比	超额亏损	超额亏损额	持仓均时

这张表格除了"日期、成交、手续费、平仓盈亏、净盈亏"这一组常规记录之外,剩下的项目可以分为四组。

第一组是"正确率",表示当天交易盈利的比例是多少。这组数字用盈利次数除以平仓单的总数,再乘以100%而获得。表格中的"盈利"与"亏损"都不是填写金额，而是填写次数。正确率在65%左右，就是比较好的成绩了。

第二组是"盈亏比"，表示每一单位的盈利数额与每一单位亏损数额的比值。表格中的"盈利均值"是把所有盈利金额加在一起，再除以盈利的做单量；而"亏损均值"是把所有的亏损金额加在一起，再除以亏损的做单量；"盈亏比"的计算，则是用"盈利均值"除以"亏损均值"。盈亏比越高越好，最小也要在"1"以上，否则盈利的可能性微乎其微。

第三组是"超额亏损"，表示在不遵守操盘纪律的前提下，所造成额外亏损的程度。这是一组用于表示操盘手"自律性"的数字。表格中的"超额亏损"，用于统计没有能够在规定的止损额度之内平仓的次数；而"超额亏损额"就是把所有超出规定之外的亏损加在一起的数额。这组数字越小越好，始终是"0"最好。

第四组是"持仓均时"，也就是平均每一次交易的持仓时间。计算的时候，把所有持仓时间换算成"秒"表示，然后加在一起，再除以平仓单的总数。这个指标并非绝对必要，只是用于表示快进快出的果断程度。"炒单"风格的快枪手，通常持仓时间平均只有不到10秒钟。如果这个数值过大，表示操盘手在平仓的时候，犹豫的时间有些过长。

这几组数字都是用一整天的数字来计算的，这样就把偶然的、局部的、运气的因素削减到了最低。不仅仅以最终的输赢论英雄，而是更注重一整天交易的内在质量。之所以要学员们填写这样的几组数字，目的是要引导他们把注意力放到整体的、全局的角度来把握、调控自己的交易，而不要太在意具体某一两单的得失。

在多做单、快做单的前提下。他们将会很快地意识到，亏损是在所难免的事情，是一个必须接受的现实。业绩的高低，并不完全取决于多大程度地接近百发百中，而更在与盈亏比的稳步增长。快进快出的下单，一天下来，有亏有赚，当准确率不至于太坏，而盈亏比较高的时候，最终就可以实现盈利，反之就是亏损。

这项功课看起来很烦琐，实际上如果用Excel来辅助的话，也是很容易完成的。做好了这个表格，操盘手自己也就清楚自己的问题到底出在哪里了，这样才好有的放矢地进行一些相应的调整。

树立对亏损的正确观念

在有些操盘手看来，随着技术水平的不断提高，会带来准确率的提高，最终接近百发百中的境界。这就是一种不切实际的想法，这一点要在一开始的时候，就明确地告诉他们。对于"正确率"一定要有一个正确的认识，不能强调得过火。应该把重点放在"盈亏比"的提高方面。

亏损在交易当中在所难免，即使是那些耳熟能详的交易大师，也不可能一单不亏。一个成熟的、优秀的操盘手，并不是要力争避免亏损，恰恰相反，他们都不惧怕亏损。他们把亏损看成是稳定盈利过程中必须支付的成本。

一个不愿意接受亏损的操盘手，会给自己带来种种麻烦。越是抗拒，越是不想亏损，最后往往会亏得更多。长期来看，一个操盘手对于亏损的对抗程度要多严重，也就正好是他会带来损失的程度。难以接受亏损，对于交易水平的提升，百害而无一利。

首先，这会使操盘手在应该果断建仓的时候犹豫不决。因为总想找到更为确定的点位，有时候就会贻误最佳的入市时机。这就是说，害怕亏损往往也就意味着，错失良机。

其次，这会使操盘手在应该止损的时候，拖拖拉拉。因为如果马上止损，就意味着现实的亏损，如果再看看、再等等，还有一些生机。如此一来，在难以侥幸等回亏损的时候，往往就会造成更大的、不可挽回的损失。

再有，在有盈利的前提下，害怕眼前的盈利会再次地回吐出去，结果往往是急急忙忙地就想着要赶快平仓。

最后，总是在一而再、再而三的亏损情形之下，会使操盘手想着要去研究一下有关行情走势的问题，这就有可能再回到钻研技术分析的道路上来。

交易，尤其是超短线的交易，其实也是一个随机试错的过程。面对机会来临之时，就要果断建仓，错了就要马上改正。千万不能有"这一单，我一定要做对的"想法。任何事情都有可能发生，看似司空见惯的走势，随时随地都有可能发生扭曲。在任何时刻、任何价位都有可能发生意想不到的事情，千万不能把自己总结的一些套路生搬硬套，否则会招致大的损失，恰恰得到了一个操盘手最不想要的结果。

追求"这一单一定要对"，认为自己"这一单一定会对"，这是一种自欺欺人的想法。是必须要更正的错误观念。在任何时候，一个操盘手都要清醒地认识到，自己有可能犯错。所谓自己感觉在某一个价位比较有把握，也只不过是说，在这个地方，往某一个方向下单盈利的概率比较大而已，但并不表示，在这个点位就是万无一失的。这才是一个操盘手所应该秉持的正确理念。一旦一个操盘手牢固地树立了这样的观念，他的操盘水平也就会有一个质的飞跃。这样一来，他就会不在乎一城一地的得失，他会更看重最终的、全局的结果。他也会变得越来越自信起来，操作起来也就会越来越轻松自如。交易也就会变成了一种享受，而不是一件徘徊在"天堂与地狱"之间的辛苦差事了。

放松、放松、再放松，在做交易的时候，不要过分在意，别总想着"一定要盈利"。一单两单的亏损，亏了就亏了，没什么大不了的。只要控制在正常的范围之内，就是可以接受的，并不具有"非生即死"的重大意义。对于亏损，保持这样一种全然接受的开放心态，反而容易使操盘手发挥正常的水平。对于这一观念，每个操盘手都要用心地去体会，操作水平必能天天向上。

必须严格止损

"自律"是一个操盘手最为重要的品质。能不能及时止损，不仅仅是一个涉及资金安全的问题，同时也是一个影响学员交易水平稳定发挥的问题。及时止损，这是一条必须坚守的底线，绝不能姑息迁就。有关止损的种种问题，在后面的章节，我们还有更为详尽的探讨。在这里只强调一点：止损不及时，会影响操盘手业绩水平的提高。

在面对浮亏的时候，不能及时止损，而是要再等等、再看看，其实质就等于把盈利的希望寄托到赌未来的运气上来了。赌错了，未必是坏事情，这可以在某种程度上，促使操盘手吸取教训；赌对了，事情就会变得复杂一些，尝到甜头之后，往往在下一次的时候，就会自觉不自觉地联想到赌回来的这一次经历，就会坚定了侥幸的心理。长此以往，业绩就会变得飘忽不定。因此，有必要对止损这个问题再三强调。只有把这个漏洞堵住了，操盘手才不会心存侥幸，才会沿着一条正确、健康的道路行进下去。成绩才会稳步提高。

对于个体的操盘手而言，止损说起来容易，做起来难。即使这个人对止损的道理懂得很深很透，同样不能保证就不会犯下止损不及时的错误。在交易的某一个时刻，发热的头脑会鬼使神差地使一个操盘手屡屡犯下错误。从时间上来看，即使是在某一段时间里，止损做得很好，也不能保证以后的某个时间里，会不会再犯拖拖拉拉的毛病。

对于一个团队来说，止损不及时的毛病，克服起来相对会容易一些。因为一个团队是有组织纪律的，也就是说在团队里，有外在的"执法人"威慑学员。如果有谁屡教不改，将其淘汰出局，自然可以起到杀鸡骇猴的效果。止损的纪律，再怎么强调都是不过分的。要让每一位学员认识到，亏损是可以原谅的，不止损却是绝对不允许的。这样他们中间的大多数人也就会在规定的范围之内止损了。悬在每位学员头上的这把"达摩克利斯之剑"，是那些单打独斗的交易者所不具备，这也正是一个团队的优势所在。

据说，有这么一个生物实验，抓来一群跳蚤放到一个瓶子里。由于有瓶盖的缘故，当它们跳得很高的时候，就会碰头。起初，它们还会不屈不挠地往上跳，可总是会碰头，慢慢地它们也就学乖了。久而久之，一到附近的高度，它就会自觉地跳下来，以免再次碰头。这样即使后来把瓶子的盖子去掉，也用不着担心，它们会跳出来了。

在培训的时候，也要运用这个原理。要充分利用管理的手段，给他们划一个界限，到了这个界限，就要毫不留情地给予他们相应的惩罚。这样就会让他们形成一定的条件反射。起初这会是一个刻意的过程，久而久之当他们习惯成自然的时候，机会将机械的不情愿转化为流畅的执行力。

日常培训需要注意的问题

在仿真交易阶段，尽管输赢的都是虚拟的资金，但是一切的一切还是要按照实战的情形严格要求，不可以有丝毫的懈怠，这样才能达到好的训练效果。以下一些问题，是一个操盘手自觉不自觉都会犯的，需要特别注意，否则难免在实盘交易中留下一些坏的毛病。

为了累计对于市场行情各种走势、各种节奏的处理经验，我们规定每天交易总量不能少于540手。可是俗话说得好："上有政策，下有对策。"在培训当中，我就发现，一些学员虽然也能完成这一指标，实际上却没有真正做到。他们的做法是这样的，一开始不紧不慢，该怎么做还怎么做，直到临近收盘，发现落下进度，才开始不停地"刷单"，很机械地一开仓马上就平仓。这样一秒钟就可以完成一个回合，用不了多少时间也就完成指标了。为了预防这种情况的发生，必须附加一个条件：做单的密度要均匀分布。切忌为了完成做单量，在一段时间里密集交易，追赶进度；在另外的一些时间里交易稀疏，过多地犹豫、观望。否则就会使得做单量的要求形同虚设，势必影响培训的效率和效果。

仿真软件里面的虚拟资金通常都非常富裕，不止能够做一手交易，这个时候就有可能发生"开多仓"的问题。对于初学者来说，应该努力保持交易风格的纯粹性，必须杜绝"开多仓""连续开仓""锁仓"之类的行为，始终坚持"开一仓，平一仓，再开仓"的习惯。培训的重点在于，树立正确的理念、养成良好的习惯，并不在于盈利的多少。因而，在培训期间每次建仓只允许做一手单。至于亏损之后的加仓，这是一个比单纯的不及时止损更坏的习惯，更要坚决予以杜绝。否则，就会把培训搞得好像儿戏一般。

"鱼与熊掌不可兼得"，操作要努力维持风格的纯粹性。超短线交易与趋势交易、波段交易是两种不同的盈利模式，切忌得陇望蜀。一些操盘手可能无意间抓住了一波趋势，赚了一笔大钱，于是就爱好上了这一口，总想找机会再一次地复制这样的成功经验。要不要鼓励他们进行这样的探索和创新呢？这是一个比较复杂的问题。如果能够稳定形成一种风格当然是好的，就害怕造成一种"画虎不成反类犬"的结果。

日内交易的宗旨在于：规避长期趋势的风险，积少成多。因此，每日操盘不得"持仓过节""持仓过夜"，在 11 点 30 分、3 点 15 分之前，务必保持高度警惕，及时清理"未平仓单"以及"未成交的委托单"。

最后，操盘手必须对"交易指令""下单技巧"乃至"交易软件"的特性了如指掌，以避免犯一些低级错误，给交易带来意想不到的风险和与损失。

向实盘交易过渡

经过一个月左右的仿真交易，每个学员的做单总量，差不多累积了一万多手。在微观化了的天地里，各种各样的走势也都经历了一些。有了这个数量的经验累积，交易技巧的演练也就可以告一段落了。如果一些学员的业绩已经连续多日保持显著的盈利，而且也没有违规记录，这就表示，他们已经初步达到可以实盘交易的水平了。

可以上实盘了，这是每个操盘手摩拳擦掌等待了许久的事情，这时他们通常处于信心最饱满、情绪最兴奋的状态之中。有自信、不怯场、渴望投入实战，这当然是好事情。可是另一方面，这个时候也是最危险的时候。刚上实盘的操盘手，就好像初生的婴儿，尽管孕育着无限的希望，心理却是最敏感、脆弱的，必须加以保护，才会顺利成长为合格的操盘手，否则极有可能挫伤积极性，甚至一蹶不振，黯然地退出这个市场。

向实盘交易过渡，这是一个非常时期。如果说，仿真交易的目的是为了让学员尽快掌握操盘的技巧、积累经验、培养盘感的话。那么，心态的锻炼则主要依靠实盘交易了。虽然仿真交易也需要良好的心态，不过与实盘交易是不能同日而语的。心态的锻炼如同体能的锻炼一样，也必须恪守循序渐进的原则。如果体能不好，在跑步的过程中，一个人用不了多久就会感到气喘吁吁。与之类似，如果操盘手本身的心理素质不是很好，那么在实盘交易过程中，用不了多久，同样也会感到种种的不适应。

　　有鉴于此，上实盘之初，不能马上就让他们保持与仿真交易一模一样的做单频率。既然是做交易，就必然有输有赢，这是再自然不过的了。可是由于这时候，操盘手的心理比较敏感、脆弱，因而无论输赢都会对他们造成非同一般的意义。实盘亏了之后，如果在小范围之内还好，影响不大；如果亏大了，势必会使他们怀疑自己的能力；盈利了之后，他们又很容易变得飘飘然起来，这就给大的亏损埋下了伏笔。

　　为了更有利于涵养自信心，有必要让他们浅尝即止，不论盈利也好亏损也罢，都要控制在一定的范围之内。如此磨合上十天半个月，等到有了一定的盈利积累之后，再慢慢地放开来做半天交易。再过一些日子，随着业绩的进一步累积，有了更多垫底的东西，操盘手的心态自然也会变得更加自信、更加强大起来。这时候再彻底放开，让他们自由地发挥，做一整天的交易。

　　上实盘之初，是一个操盘手最为艰难的时候，最好有老师陪在他们的身边。这不仅可以给他们壮胆，而且遇到一些特别、突发的情况，还可以及时地给他们以必要的提示。收盘之后，还要多跟他们谈谈心，让他们把自己的一些做单感受、想法说出来。并且针对不同的情况，及时地跟他们沟通，疏导他们的心理问题。

第六章　操盘的手法与技巧

交易界面的选择

工欲善必先利其器，选择什么样的交易平台同样十分重要。某种意义上，超短线交易是一种抢时间、争速度的艺术。为此，要力争把下单的中间环节减到最少，这样不仅可以有效节省时间，而且还可以避免一些不必要错误的发生。目前市面上的交易软件，值得推荐的下单方式有两种，一种是"报价块"，一种是"数字键盘"。

使用报价块，在下单的时候，只需要使用鼠标点击"买"或"卖"，就可以把指令迅速地发出去。使用"数字键盘"下单同样也很简捷，只需要将数字键盘区内的"1"设置为"买"，把"3"设置为"卖"；在下单的时候，只需要一按相应的数字，就可以把指令发出去了。这两种方式，都是把常规的项目事先设置好，在下单的时候，感觉价位合适，只需要选择一个方向就可以了。

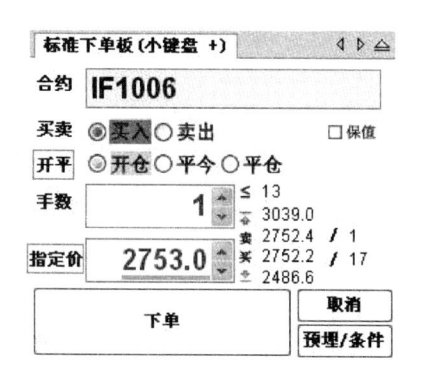

这两种下单方式只要和常规的那种"标准下单板"相互比较一下，就可以看出其中的优势还是十分明显的。在超短线交易当中，如果还是使用类似"标准下单板"那样的人工输入价位的方式，就实在有些落伍了。试想一下，在操盘手需要下单的时候，还要手工把"买卖""开平""手数""指定价"，一一输入，最后再按一下"下单"。这需要耽误多少工夫啊？尤其是"输入价格"这一步骤，就要多点击四到六下才可以。比如，输入2950，需要点击四下；而输入2950.2，就需要点击六下。每一道步骤的完成都是需要时间的，尽管这个时间很短，不过加在一起就要比直接按"报价块"慢出来两三秒钟的时间了。千万不要小看这一两秒钟的迟缓，这就足以叫许多交易单无法及时成交了。这种下单方式，不仅耽误时间，而且在手忙脚乱的时候，也容易造成一些错误。

事实上，需要多步骤才能完成下单的软件，对于操盘手的果断性也会有一定的影响。试想一下，一个只需要点击一下就能完成下单的软件，当操盘手点击的时候，指令就像泼出去的水一样，动作一经做出，就没有反悔的余地了。需要多步骤才能下单的软件就不同了，在最后一道步骤之前的每个步骤，操盘手都有反悔的机会。事实上也是如此，需要多步骤手动下单的操盘手，半途而废的概率，远远要比"一键下单"的操盘手高出许多。

还有，多步骤下单软件会造成操盘手一定程度的分心，因为在每个步骤里面，操作的时候，都需要占用一些精力。尽管这是微乎其微的精力，不过对于交易也会有一定的影响。而使用"一键下单",就可以全神贯注地观察行情,绝不会有分心之虞。

抢价格的技巧

当操盘手的报价最终进入到交易所的时候,撮合成交遵循"时间优先,价位优先"的原则。这意味着,要想在某个价位成交,除了抢时间之外,还要抢价位。抢时间没什么好说的,这需要选择一款合适的软件,还要眼明手快。在这一节主要说说抢价格的技巧。

目前的交易软件当中,"下单方向"可以设置两种模式,一种是设置为"同向",另一种是设置为"反向"。设置为"同向",点击"买价"的时候,就会往交易所里下一张"多单";点击"卖价",就会下一张"空单"。这是一种常规的顺势手法。一旦设置为"反向",点击"买价"的时候,就会往交易所里下一张"空单";点击"卖价",就会下一张"多单",这就是所谓的"吃对手价"的手法。

"吃对手价"这种方式具有无可比拟的快速成交的特性。当操盘手按照这种方式下单的时候,也就是意味着不计成本地接受对手的价格,而放弃了与之讨价还价的机会,当然也就会迅速地成交了。不过,这种方式也有一个很大的弊端,这就是最终得到的"成交价"往往不尽如人意。卖的时候,常常卖得很便宜;买的时候,常常买得很贵。当然,在这里所说的贵贱,也只是从相对意义上来说的。在比较活跃的行情当中,也无非就是相差一两档价位;而在不活跃的行情当中,就有可能会相差更多了。对于长线交易来说,重势不重价,似乎也可以接受。不过要是做超短线交易,那么一点点的蝇头小利也就有斤斤计较的必要了。因而这种方式,应该慎重选用。

"下单方向"设置为"同向",就不会有这种价位"太吃亏"的弊端,但是它的主要缺陷是,操盘手得按照"先来后到"的规则排队,这样就会造成有些时候难以成交的尴尬。为了克服这样的缺陷,可以在"填单下单价格调整"这个选项里,设置为调整一档价位。这样的设置意味着,在卖的时候愿意卖得便宜一点,而在买的时候愿意买得贵一点。这样一来,操盘手就又取得了"插队"的权力,成交的概率也由此大大地增加了。具体到沪深300股指期货,这意味着在当前的买卖价格上面再加减0.2个点位。使用这种下单方式,就可以既能够做到迅速成交,又不至于太吃亏。

有人会问,为了价格成交得不至于太吃亏,选择"同向"下单,同时又担心成交不了,还要再加一档价位,这样最后的效果会不会和"吃对手价"差不多了呢?如果是这样,何苦要绕这么大一个圈子呢?这个问题问得好。事实上,这两种方式在行情很活跃、成交量很大的情形之下,最终得到的结果几乎是差不多的。因为这个时候,买方与卖方的叫价之间,相差的也就是一档价位而已,这样无论操盘手采用什么方式,所得到的结果也是差不多的。可是在有些情况下,买方与卖方的叫价之间,相差的不会只有一档价位,这样两种方式产生的结果就不太一样了。显而易见,下单的方式设置为"同向"并调整一档价位,是一种折中的策略,既可以兼顾快速的成交,又不至于太吃亏。

变动不居之中的支点

进行超短线交易并不需要参考很多东西,只需要关注行情本身的变动就可以。行情本身的信息,除了直接从行情软件中的滚动报价表获取之外,还可以从K线图、美国线(BAR)、分时走势图中获取。在看K线图、美国线(BAR)的时候,要把时间设置为"一分钟"。为了尽量排除不必要的干扰,最好将其中的移动平均线也一并去除掉。

这四种方式里面,直接看报价是最简单的方式,不过这种方式对于一个新手来说,可能过于抽象,因而不太容易把握。其他三种方式,都是以线段的形式把行情表示出来了,看上去更为直观一些,容易被操盘手所把握。这其中,K线图与美国线(BAR)基本上没什么差别,属于同一类型的图表,完全可以无障碍地相互替代。分时走势图也叫"即时走势图",这种图把行情的实时变化,用一根曲线变现了出来。这种图与K线图、美国线(BAR)哪一个好用呢？用得习惯了，其实都是无所谓的。

不过，在操盘的现实当中，还是使用 K 线图的人比较多一些。分时走势图，在整个交易时间段里，就是一根曲线，看上去连续不断、无始无终。K 线图则不然，视觉上将连续的行情分割成了一个一个的单元。在超短线操盘的实践当中，一些聪明的操盘手，还根据 K 线图的这一特性，开发出了一种"掐时间"下单的技巧。

具体一点说，就是当一根新的 K 线出现的时候，要先进行一番观察；无论涨势还是跌势，如果表现很强劲，那么就要在三十秒钟左右的时候果断进去；如果做对了就放一放，持仓的时间也可以自然延续到下一根 K 线；如果做错了，在没有到达止损价位之前，可以稍微看一看，但是也必须在这根 K 线将要结束的时候，坚决地予以了结。如果在三十秒之内，行情走势表现比较疲软，那么就放弃在这根 K 线里面进行任何操作，等到下一根 K 线出现之后，重新进行审视。

这种技巧的好处在于，使得"随机试错"的原则，更加具有操作性了。一天的行情在开盘之后，到收盘之前，总是一个连绵不断的过程。如果没有一个"抓手"、一个"立足点"，任由操盘手自己随意进出的话，的确更加自由了，可是也给他们带来了把握上的难度。如果在一分钟 K 线里面，假设有这么一个"建仓点"的话，这就会让操盘手感觉好把握多了。操盘手的心态也会放得坦然一些，不再为了"到底应该在哪里下手"而犹豫不决了。这就把行情无形的、连续的过程，切割成了一个个有开始、有结束的单元，使得抽象、虚无的盘感更加具体化了。这种做法，无异于在光滑的岩壁上，楔进去了一个把手，顿时使得攀登的难度大大降低了。

看图方式的改良

《列子》当中记载了这样一篇神话故事。甘蝇是古代一位善于射箭的勇士，他一拉弓野兽、飞鸟就会应声倒地。甘蝇有个弟子名叫飞卫，向甘蝇学习,最后本领却超过了甘蝇。纪昌又向飞卫学习。飞卫说:"你先要学会看东西不眨眼睛,然后我们再谈射箭。"纪昌回到家里,仰面躺到妻子的织布机下,用眼睛注视着梭子,练习不眨眼睛。过了两年,即使是锥子尖刺到他的眼皮上,他也不眨一下眼睛。纪昌把自己的情况告诉飞卫。飞卫说:"这还不够啊,你还要学会视物才行。要练到看小物体像看大东西一样清晰,看细微的东西像巨大的物体一样容易,然后再来找我。"纪昌回家之后,用牦牛尾巴上的毛,系住一只虱子悬挂在窗口,面朝南面远远地盯着它。十天之后,看虱子渐渐大了;三年之后,虱子在他眼里有车轮那么大。转过头来看其他东西,都像山丘一样大。纪昌拿起弓箭,射那只虱子。结果穿透了虱子的心,而牦牛尾巴毛却没有断。纪昌赶紧告诉飞卫,飞卫高兴得手舞足蹈,拍着纪昌的胸膛说:"你已经掌握了射箭的诀窍。"

  在这个故事里,飞卫并没有给纪昌讲太多的东西,只是让他练习一些基本功。当纪昌能够把普通的东西,看得很大很大的时候,他射出去的箭,自然而然就可以命中目标了。同样的道理,操盘手只要稍微改变一下观察 K 线的方式,也可以有效地提高对于行情变化的敏感度。这也是在培训过程中,无意间发现的。2010 年 6 月间,莘庄基地这边新过来了一个小伙子,当时由于正有几个人上实盘,我们也无暇顾及他,只是把交易界面和如何下交易指令简单地给他做了个交代,随后就给了他一个仿真交易的账号,让他自己先随便做做看。

  结果叫我们大吃一惊的是,第一天的仿真交易,他就盈利了二万二千多。这在以往是从来没有发生过的事情,领悟最快的一个操盘手,也是做了一个星期之后才开始的盈利。接下来的几个交易日,他也是不仅盈利了,而且还保持着相当不错的盈利额。我问他,以前是不是做过股票、外汇之类的交易。他说没有。于是大家怀疑,他也许真是属于天生就适合做交易的那一类天才人物。

  既然没有给他讲什么东西,他也能很好地盈利,那么索性也就不用给他讲什么了。这一天,我走到他做交易的那个房间的门口,随意看了看他做交易的界面。但就是这不经意的一瞥，却使我好像吃了一记当头棒喝似的，顿时就明白了他一上手就盈利的秘密所在。

为了验证我的判断，我马上找出了他的交易记录，特地查看了交易手数、正确率、盈亏比，以及净盈亏四项指标，又把他的交易记录与其他人的交易记录做了对比。看完之后，更加坚定了我的判断。

我认为，他们交易手数的多寡，以及最终业绩的高下，与他们看图的方式方法有着直接的关系。虽然他们观看走势图的方式并没有什么本质的不同，但只要稍微做一点调整，业绩就会有大幅度的提高，有关这点就连他们自己都没有意识到。

当天中午收盘之后，我把所有操盘手看图的方式，做了截屏，分门别类地整理了一下，总共发现了七种模式：

(1)单纯只看"一分钟 K 线图"。

(2)单纯只看"分时走势图"。

(3)观察"一分钟 K 线图",外加"分时走势图"。

(4)同时观察"一分钟 K 线图""分时走势图",外加"上证领先走势图"。

(5)观察"一分钟 K 线图",外加"上证领先走势图"。

(6)观察"一分钟 K 线图",外加"三分钟 K 线图"。

(7)同时观察"十五分钟 K 线图""五分钟 K 线图""三分钟 K 线图""一分钟 K 线图",外加"上证领先走势图"。

在这其中,有几个是懂一些技术分析的,因而看的东西相对于完全不懂技术分析的要复杂一些。那些不懂技术分析的学员就只看一分钟 K 线图,顶多再加一个"分时走势图",大概是想看看整个行情的大致情形。

在只看"一分钟 K 线图"的学员里又分两类:一类看的是全景式的 K 线图,而另一类看的是局部放大的 K 线图。在这些人中,看图比较杂一些的学员,业绩一律都没有那些只看简单图形的学员好;而看全景式 K 线图的,业绩又没有只看局部 K 线图的学员做得好。

那个"天才"的小伙子,看的是哪一种组合的图形呢?他看的就是局部放大了的一分钟 K 线图,而且只看最近的三根。他的成功秘诀说来其实很简单,就在于将一分钟 K 线的局部放大了许多倍,这就使得他对行情的变化不仅更加敏感,而且也把接收到的信息量降低到了最少的程度。

两种不同的做单手法

在超短线交易当中,操盘手的下单手法,大致可以分为截然相反的两种:一种是"顺势而为",另一种是"逆势而动"。"抢反弹"与"抢回调"就属于"逆势而动",这种模式与弄潮儿的挺立潮头具有异曲同工之妙。都可以用"艺高人胆大"来形容,也同样叫不明就里的人感到"胆战心惊"。

有些人可能认为"抢反弹"或者"抢回调"是一种不理智的行为,所谓"世界潮流浩浩荡荡，顺之则昌，逆之则亡"？一个操盘手怎么可能与大势相抗衡？这不是火中取栗吗？其实，说这种模式风险大，只是一种错觉而已。如果摘掉带有偏见的有色眼镜，仔细地解析一下这种模式，并与"顺势而为"做一个比较，究竟哪一种模式更安全，还真是有点难分难解呢。

以前自己不会游泳的时候，进到游泳池里，乍一看到人家仰泳，悠哉游哉的样子，着实羡慕不已。于是就感觉，这是一种比蛙泳、自由泳难度更高的姿势。因为其他的姿势都是眼睛朝前、四脚朝下，唯独这种姿势是四脚朝天，活像一只翻了肚皮的蛤蟆，看起来很不自然、很不安全。实际上，这种泳姿却是所有泳姿当中，技术含量最少的一种。你只要大着胆子往后一躺，或者两脚，或者两手略微动一动，就可以飘浮在水面上了。"逆势而动"这种操作模式与此类似，之所以叫人感觉更危险，只是让人感觉"不自然"而已。因此说，这是一种错觉。

现在，还是让我们把这种模式仔细剖析一下，大家也就清楚了。

首先，这两种模式依据的内在规律不同。

任何物体在不受任何外力的作用下，总保持匀速直线运动状态或静止状态，直到有外力迫使它改变这种状态为止。期货合约的运动也同样如此，一波行情一经发动，总会有一定的持续性。这就是"顺势而为"所信奉的"惯性定律"。

与此同时，任何事物也都具有"乐极生悲，否极泰来"的特性，期货行情也不例外。一波行情涨得太高了、涨得太快了，必然会引发一股获利回吐的力量，从而走出较主流行情级别较小的一波回调。反之，反弹也是同样的道理，这是"逆势而动"所信奉的朴素的辩证法则。

其次，这两种模式的盈利目标不同。

由于"顺势而为"的定位是要追求主流行情，因而在意识上就有了"志存高远"的动机。当然对于超短线交易而言，这个"长远"也是从相对意义上来讲的，与趋势交易的"长远"是不能同日而语的。

而"逆势而动"则不然，一开始操盘手就会意识到，这是博取一波行情的

"休整"。不论反弹也好,回调也罢,都只不过是一波主流行情的"附属品"而已,不仅在波浪的级别上要低一等,而且幅度、持续时间也更加的不确定。因而,在没入市之前,就已经抱定了"见好就收"的想法,并不敢奢望过多的利润。

再次,这两种模式的心态不同。

显而易见,"逆势而动"这种模式在操作风格上,相对更为激进,而"顺势而为"则相对比较谨慎、保守一些。因此"逆势而动"在操作时,需要更多一些的胆量。不过胆大并不等于鲁莽。由于反弹、回调只是一波行情的"附属",具有程度更加厉害的不确定性,因而"逆势而动"绝对是一种"火中取栗"的行为。当一个操盘手在做"抢反弹"这个动作的之前,如果在意识上已经把这种盈利模式定位为"逆势而动",并认定这是一种在与大市相抗衡、火中取栗的行为,自然也就会怀揣着一份类似"做贼心虚"的不安与惶恐。而也正是这么一点的不安,一点点的惶恐,却起到了妙不可言的作用,使得劣势反而转变成了优势。直接的结果就是止损、止盈的动作,能够完成得更加顺畅、更加自然,不忍心止损以及盲目贪婪的心理问题,也由此迎刃而解。

"顺势而为"则不然。在建仓之初,由于目标相对长远,因而在心态上也就更为谨慎,不会那么轻易入市。在意识到行情发动之时,总要自觉不自觉地确认一下行情的走势是否确实如此,在行为上往往就有一个观察、确认的过程。不轻易进来,也就不会轻易出去。一旦入市之后,往往自认为是有把握的,因而在止损、止盈的时候,也就多少会有了更多量的犹豫。这种犹豫的程度因人而异,也是高手与俗手之间的内在差异。

最后,这两种模式的入市节奏不同。

一波完整的行情,即使时间很短、持续性很差,如果用一台摄像机高速拍摄,再用正常的速度播放出来的话,也一定能够发现,这些行情可以分解为"启动、发展、加速、减缓、衰竭、结束"六个不同的阶段。

"顺势而为"为了谨慎起见,往往要等到行情确实"启动",甚至更为保守的还要等到"发展"这个阶段的时候才敢入市。而"逆势而动"则不然,要想成功就一定要在一波行情"衰竭"的时候做好准备，而在"结束"的那一刹那果断进场。如果恰好赶上了"V型反转"的行情，也就是一波行情的反弹正好与另一波新的、方向相反的行情合二为一的时候，那么你一定会发现，"逆势而动"要比"顺势而为"早行动了那么一拍、半拍。

这种模式把"随机试错"的精神发挥到了极致。同时，也是一种起点较低、更容易上手的盈利模式。如果在上实盘之初，采用这种方式切入，不仅可以收到立竿见影的效果，也更有利于涵养信心，使得胆量、心态得以充分锻炼，同时也有利于养成"稳、准、狠"的交易风格。

这同时也是一个与时间赛跑的游戏，成功的秘诀全在"胆大心细、眼明手快"。毫不夸张地说，"争分夺秒"这个词已经不足以形容这种模式所要求的"快"了。当需要操盘手下单的时候，只要稍微迟疑一两秒钟，不仅想要盈利的愿望会成为泡影，而且马上就会使自己陷入危险的境地。因为大部分赚这种钱的单子，一来一回的时间也不过三四秒钟而已。有时候，迟疑一两秒钟，已经是别人准备获利了结的时候了。

这种方式容易上手，但也并非什么情况都可以运用的。要想成功，除了要具有"眼明手快"的果断，还要注意时机的选择。通常来说，行情幅度的大小与回调幅度的大小是一一对应的，大级别的行情必然有大级别的回调，小级别的行情只会有小级别的回调。有以下几种情形时最好不要入市：

（1）错过时机之后，不要后悔，更不宜"亡羊补牢"。

（2）一分钟K线之内已经回调、反弹许多的情形，也不宜在下一根K线入市，已经休整的力量已经在内部消化掉了。如果非要入市，也要快进快出。

（3）小幅横盘，无明显趋势，不宜抢反弹和回调。如果没有明显的大涨、大跌，也就不存在所谓的回调与反弹。此时的明智之举，就是不要轻举妄动。一旦入市之后，也要更加地快进快出，不宜贪多恋战。

（4）极度萎缩的行情，不要被局部放大的图形所迷惑，要注意测算每根一分钟K线的平均幅度。在极度萎缩的行情里面，还要做抢反弹、抢回调，就好像巨人走进了小人国，左右碰壁将是难免的事情。尽管超短线交易讲究的是快进快出，每一笔赚的只是蝇头小利，但这并不意味着，这种方式可以在任何市场当中都可以无往而不利。做超短线交易同样需要审时度势，不过这里所讲的审时度势，并不是要求操盘手去预判行情，而是还要注意观察一下行情的活跃程度，以及行情空间的大小。

在许多盘整的市道之中，行情上下波动的空间极其有限，这个时候，作为一名超短线的操盘手同样要压抑自己企图不断做单的欲望。否则小赚、小亏的结果不仅吃力不讨好，而且还会白白损失一大笔手续费而一无所得，甚至还会亏损。这就是说，有时候需要你能耐得住寂寞，不那么频繁地下单，仅凭着这一点，就足可以使你的整体业绩有极大的改观。

(5) 最后一种情况在股指期货市场很难遇到，不过也还是要提高警惕。这就是在接近涨停板、跌停板的时候，不管一分钟K线涨得多高多快、跌得多深多猛，都不能抢回调和反弹，否则有可能遭受重大的损失。

第七章　止损的困扰

　　由于杠杆机制的缘故，使得期货交易具有高风险的特点，不过这种风险并非不可控制。事实的本来面目是，只要事先规划好亏损的范围，在交易时严格执行，灾难性的损失大多数是完全可以避免的。从某种意义上讲，巨大的亏损，十之八九都是人为造成的，是由于操盘手不遵守操盘纪律，心存侥幸而导致的后果。

　　中国有句老话，"留得青山在，不怕没材烧"。这句至理名言，形象生动地道出了"迂回取胜"的策略，既劝告当事人要放弃眼下的执着，同时又对未来寄予了无限的希望。这个道理，每个期货操盘手其实都懂得，恐怕没有谁不认为这是理所当然的。然而在实践当中，执行得又如何呢？可惜能够严格执行的寥寥无几。

　　为什么有些操盘手总是做不好止损？犯了错误还要一错再错？当然可以简单归咎于自律性差、意志不够坚定之类的缘由。然而仔细推敲起来，这背后的机理还是相当复杂的，既有外在假象的迷惑，也有来自内在心理的困扰，更深的层次还在于对风险的根本认识存在着一定的偏差。很值得详细探讨一番。

怎么又没及时止损？

　　怎么又没有果断止损？在触及止损价位的时候，到底发生了什么事情？在那一刻，操盘手的心里到底在想些什么，以至对于止损变得犹犹豫豫了起来？这是我们首先要搞清楚的事情。只有找到了发病的机理，才有可能治病

第七章 止损的困扰

疗伤。还是让我们先把这一行为，利用"慢镜头回放"的技术，仔仔细细地回顾一下吧。

如果一个操盘手还没能养成机械性的、下意识的习惯，一到止损位置就自行了断。那么这个操盘手的心理，通常会经历以下几个过程：

在将要到达或者已经触及止损价位的时候，操盘手首先会变得警觉起来，同时脑袋里会飞快地运转，到底要不要出去。如果这个时候，他们没有能够发出平仓的指令，那么止损的第一个有利时机就被错过了。这表明，他们还不情愿就此接受浮动的损失。他们会变得犹豫、纠结起来，一方面马上止损就意味着现实的亏损，另一方面行情如果继续不如人意，就会把小的损失进一步扩大。这种纠结也许只是一种情绪化、潜意识的东西，并不会在思维的层面上表现得那么明显。

他没有能够做出应该有的平仓动作，而是把决定权交给了行情，想要看看行情该怎么走再作决定。问题也就此开始变得复杂化了起来。如果这个时候，止损价位被击穿了，而且有相当的力度，这倒未必就是一件坏事情。凌厉的行情，很可能会迅速激发起操盘手的应激反应，使得他们迅速决断，止损的动作也就有可能跟着做出来了。急涨急跌的行情，常常使人更加警醒，在止损时也会相对利落一些。

如果行情并没有这样发展下去，而是很快又返回头来，向着有利于操盘手的方向游移。他就可以舒一口气了，感觉刚才只不过是虚惊一场。到了最后，行情不仅没有变坏，反而还让这位操盘手赚了钱，他就会很快淡忘掉这次不规矩的行为，甚至为自己的盈利而沾沾自喜了起来。这一次的交易，虽然就这样有惊无险的结束了，不过这次冒险的经历却会被储存在记忆里。

如果这个时候，价位不温不火，就在应该止损的部位附近上下反复穿梭，那么随着时间的推移，操盘手就会变得越来越麻木。在这个时候，如果按着理智的思维去思考，当然在不确定的情况下，还是应该先行出局为好。可是麻痹了的操盘手却不这样想，他们会想着，既然刚才自己没有出来，现在的价位还是在这附近，何不再看一看呢？就这样，尽管他不确定行情会往哪一个方向进一步的演化，但是平仓了结的决心也会就此更加地弱化下去。这真的就好像是一个温水煮青蛙的过程，毕竟目前的形势没有那么紧迫，他更进一步地决定，再看看、再等一等。就是这样，经过了再三的权衡，这个操盘手又一次地决定把自己的命运交到行情的手上。

行情发展到了这里，又会怎么演化呢？也许会慢慢地返回头去，又变成了一次有惊无险的经历，并存储在他的记忆里。也许还是这么慢慢吞吞地来回振荡，或者会一点一点地变得更糟；也许会突然发力，向着更坏的形势迅速演变下去，这种情形立时又会使操盘手变得高度紧张了起来。到了这个时候，总之行情确实是变得进一步恶化了，他要等等看看的结果不是出来了吗？那么操盘手会在这种情形之下，马上做出决定，平仓出局吗？通常不会的！由于操盘手长时间的等待，就好像一个苦苦等待的单相思的恋人一样，他感觉自己为此付出了太多的心力，刚才没有出来，现在出来岂不是太冤枉？于是，他们再一次地把命运交到了行情的手上，选择继续等待下去。行情也许重又变得稳定了下来，这又给了他们一线希望；也许会变得更糟，他们承受的压力也会变得更大。

他们依然在傻傻地等待着，等待着奇迹的发生。行情变得更糟了，浮亏已经到了相当大的地步，虽然他们会由此变得越来越不自信，可这时候他们的行动能力已经瘫痪了。一种类似"破罐子破摔"的心态会就此冒出头来，索性赌一把吧！倒要看看行情还能糟糕到什么地步。这个时候，操盘手已经死心塌地决定耗下去了。到了这种地步，操盘手只会在两种情况下才会出局：一种是坚持到把行情熬回来，这就又成了虚惊一场。还有一种情况，行情再一次地恶化，重新在不利于操盘手的方向上变得迅猛凌厉了起来，他们的精神终于崩溃瓦解了，这才会自暴自弃地下了平仓指令。一场噩梦似的经历这才结束。具有讽刺意味的是，通常在这个时候，也就是操盘手平仓之后不久，不利的行情往往也就真的走到了尽头，开始返头了。对于这次"黎明之死"的经历，操盘手的自责、后悔、郁闷的心情，犹如百爪挠心一般的沉痛。而这样的经历，也会存储在一个操盘手的记忆里。

第七章 止损的困扰

　　在整个备受煎熬的过程中，他们通常也不会闲着，他们必须要寻找一些额外的信息来给自己做参考，以便确定行情会怎么演化。他们会调动自己所掌握的一切知识储备，再看看图形，再研究研究走势。然而，他们究竟看到了什么？他们还有能力接受反面的信息吗？不会的，他们已经很难再客观、公正地看待行情所揭示出来的信息了，他们的视野会变得异常狭窄，他们只会选择、相信对他们有利的信息，过滤甚至直接否定掉不利的信息。

　　可以这么说，大多数的止损不及时，都来源于侥幸心理。这种侥幸心理，在开始的时候也许只是一念之差的犹豫，后来又掺杂进去了"破罐子破摔"的赌博心理。主要的成因，首先在于行情运行特点带来的迷惑。任何一波行情的走势，无论上涨还是下跌，都不是一蹴而就的，都是以一种曲折反复的形式展开的。多空双方的博弈，必然使得行情走势具有涨中有跌、跌中有涨的特性，这就很容易给操作者造成一种不尽合理的心理预期：让他们误以为逆转的行情不过是暂时的，他们的损失也是暂时，只要再坚持一下，行情的走势就会重新回到与自己做单方向一致的轨迹上来，那样自己不仅不会亏钱，反而有可能盈利。简而言之，如果现在马上止损，就意味着100%的损失，而等一等、看一看，还有50%的机会。

　　事实的结果也的确是这样的，等一等、看一看，在不止损的时候，很多情况下的确是能被"熬"回来的，苦尽甘来的结果是，暂时的浮亏最终变成了盈利。这真是一次美好的记忆，有惊无险、苦尽甘来。这样的记忆无疑会强化一些负面的东西，使得该止损的时候，变得更加不那么坚决了。严格止损的情况又会怎样呢？在很多时候的确会白白地造成损失，这其中尤其令人愤慨的是，你不止损，行情也不回头；你刚一止损，行情马上就返回头去了。这种经历也会加重操盘手面对止损时候的逆反情绪。

　　慢吞吞的行情、来回反复的行情，通常比较容易使得操盘手犯下不及时止损的错误。不过有时候，行情会变得好像脱缰的野马似的异常火爆起来。这个时候，也容易导致止损的不及时。比如，你设定的止损是两个点，可是在你进场之后，行情猛然就击穿了这个范围，一下子，你就浮亏了十几个点。

在这种情况下，就是平时止损做得不错的操盘手，也在所难免地会心存侥幸，不会选择马上止损。因为他们会想，来得快去得也快，如此不同寻常的走势，必然很快就会有获利回吐盘的涌入，从而使自己可以少损失一些。他们的想法没错，不过并非总是这样，也许就是这一念之差，最终招致了灾难性的后果。

止损与自尊的问题

金融市场是一个很容易把人搞得晕头转向、丧失理智的地方。有时候，有些行情是有可能叫一个人丧失理智，以致放弃固有的止损纪律，下定决心跟行情赌一把的。

让我们先看一个例子。《世说新语》中记载了一则小故事：东晋时期，蓝田侯王述性情急躁。有一次吃煮鸡蛋，几次用筷子去戳鸡蛋，都没有戳进去。于是他就大发脾气，拿起鸡蛋扔到了地上。鸡蛋在地上转个不停，他又站起来用木屐去踩，结果又没有踩破。这时候他恼怒至极，又从地上把鸡蛋抓起来塞进嘴里，咬破之后愤愤然地吐到地上，这才化解了胸中的闷气。

这个故事看完之后，公子哥儿的暴脾气让人感觉实在有些好笑。不过需要说明的是，在有些时候，一个操盘手也会被行情激怒的，这个时候他们也会犯不止损的毛病。比如，行情有时候不太活跃，横盘整理或者是在某个比较狭窄的通道里来回振荡。在这种行情的"沼泽地"里，明智的选择是不要轻举妄动。一旦陷进去，就有可能左右挨打。交易者会一错再错的，买涨也亏，卖空也亏。起初你止损做得好好的，可是一连几次，总是在止损之后，行情就又回头了，这不禁叫你感到郁闷不已。如此一来，不仅你的账户会不断缩水，你的自尊心也会遭受前所未有的蹂躏。没有人会喜欢这种无所适从、被人愚弄的感觉。有时候，你甚至会觉得，这种忽上忽下的行情，简直就是故意在与你作对。

这个时候，还没有丧失理智的操盘手会选择，停下来休息休息、调整调整。而另外一些人却愈挫愈勇了，他们的表现就有可能跟蓝田侯王述一样。这个时候，原本没有生命的行情似乎已然变成了一个拟人化的敌人，他们气急败坏地一心想要击败它。于是，再次建仓之后，他们会横下心来看一看，不止损到底会有什么后果。他们希望打一个翻身仗，挽回自己的尊严，以证明自己并不是那样的无能。

除了这种情况，还有一种情形，也是对一个操盘手自尊心的挑战。这就是，有些人喜欢钻研行情，喜欢预判行情。这样的操盘手一定会遭遇这样的情形，某一次他认为某一个价位应该是十拿九稳的建仓时机了，以往有许多的先例就是在类似情形之下发生的，这回自己可是要大赚一笔了。于是他踌躇满志地进了场，以为必然能够打一个漂亮仗。可是行情偏偏就不那么走，一时之间使这个操盘手陷入了尴尬的境地，也使止损变得十分困难了起来。因为要止损，不就是对自己的否定吗？一个人越是感觉十拿九稳，也就越难以缴械投降。

在造成止损不及时的各种缘由当中，自尊心的受挫以及不愿意接受自己无能的心理，也是一个很重要的因素。如果总是做不好止损，总是违背自己制定的规则，又会反过来影响自信心、自尊心的建立，也会在心理上对自己更加不信任，甚至轻视自己、痛恨自己，这就会陷入一种恶性循环的怪圈。

不能果断止损的危害

在交易的世界里，没有什么规则、戒律是十全十美的；止损的纪律，可以说，就是这方面的一个典型。有许多操盘手之所以不能及时的止损，并非不愿意亏损，而是担心无谓的损失。也就是说，在止损之后，行情又返回头来，以至于白白地损失了资金，而且还浪费了时间。要想做好止损，就一定要接受这样的事实：一以贯之地严格执行止损，必然会有一些无谓的损失。这是必须支付的代价，决不能以此为借口，在应该止损的时候摇摆不定。

从某种意义而言，止损的戒律所起的作用，与不准乱穿马路的交通规则相类似。大多数的情况下，一个人乱穿马路、乱闯红灯，也是不会出什么事情的；可是一旦出了事故，往往非死即伤。不止损也是如此，在许多情况下，也是会转亏为盈的；可是在没能扭转乾坤的时候，往往就会是一个巨大的、致命的损失。

还是让我们来看看不能果断止损的严重后果吧。不能果断止损，不言而喻的后果，首先是这可能招致巨大的损失。这一点，大家都心知肚明，没什么可多说的。此外，还有什么后果呢？

事实上，止损不及时最大的危害，还不是对账面的危害，而是对于心态的破坏。账户的损失是暂时的，只要心态没问题，就还有机会弥补回来。而心态一旦变坏了，则会导致操盘手正常水平的发挥，这种损害就是长期的了。一件事情无论好坏，及时了结，对于心理的影响其实是最小的。心理的最大折磨，莫过于在拖延时间的过程中、在模棱两可的境地里，被不确定的结果来回反复地揉搓。比如，在高考之类的重大场合，发榜之前的日子最为难熬。一经发榜，即使名落孙山，结果已然尘埃落定，也不见得会有那么难受。同样道理，长时间反反复复的折腾，也足以叫一个操盘手变得心力交瘁。见势不妙，尽早了结，损失就损失了，也不过如此而已，对于心态是不会造成多大损害的。

亏点小钱不要紧，可千万不能亏大了！一旦亏损到了大伤元气的地步，往往会给操盘手带来难以承受的巨大压力。需要知道，亏钱容易赚钱难。赚钱好比逆水行舟，而亏钱则是顺流而下。只要有手续费这个因素的存在，盈利与亏损的机会就不是对等的。盈利的时候，你要付手续费；亏损的时候，你还要支付手续费。而且，从比例关系上来计算，也会得出同样的结论。请看下面一组数字：当你的资金从10万亏损了1万，亏损率是10%；而你想把这1万元再赚回来，则需要11.1%的赢利率。当你的资金从10万亏损了2.5万元，亏损率是25%；而你想把这2.5万元再赚回来，则需要33.3%的赢利率。当你的资金从10万亏损了5万，亏损率是50%；而你想把这5万元再赚回来，则需要100%的赢利率。这么一计算，是不是会吓你一跳呢？

该止损的时候，总是心存侥幸，这等于把盈利的控制权，交给了不可预知的运气，业绩必然会飘忽不定的。不客气地说，从来做不好止损的，将会一败涂地，会一步一步滑向爆仓的边缘；止损时好时坏的，业绩会飘忽不定。只有止损坚决果断的，业绩才会稳步提高。对于超短线交易来说，止损一定要更加果断，否则赚钱会比登天还难。这是因为超短线交易每一回赚的利润都微乎其微，积累的过程也相当辛苦。因而也就绝不能让一笔两笔的大损失，吞没掉以往所有的积累。

对于超短线交易来说，止损不及时还会造成机会成本的流失。试想，在正常情况下，做一手交易短则一两秒钟，长不过一两分钟。在某种意义上讲，时间就是金钱。在及时止损之后，还可以接着做单，不至于中断正常的交易，这就会创造出许多新的获利机会出来。如果不及时止损，硬熬时间的话，等于白白地浪费行情，就算是最后熬回来，也未必合算。

大资金同样要止损

对于只能做一手的交易而言，止损就意味着在亏损的时候，不要犹豫观望，要尽早地予以平仓了结。对于资金充足，可以下多手单子的交易，果断的止损就意味着，千万不要在亏损的部位上加码，妄图摊平成本。

再多的资金也是没有用的，这倒并非小看了哪位大户的实力，而是大资金有大资金的建仓比例，小资金有小资金的建仓方式。举例来说，2010年8月间，开一仓沪深300股指期货的初始保证金大概需要16万元左右。你如果有50万元，并且也很理智，那么你可能会开一手单子建仓。试问，如果你有500万元呢？你也只会开一手建仓吗？显而易见，如果资金多的话，建仓资金的初始额度也会相应地增加。这样一来，无论你有多大的资金，在几轮加仓之后，都会显得捉襟见肘，资金链断裂的可能性，一点也不见得小多少。

退一步讲，假如真有人是这么做的，无论资金有多大，起初的时候都是从一手做起来的。那么这样的策略，是不是就可以无往而不利呢？也许的确可以坚持到最后，不赚钱绝不出来的。不过，这种策略同样不足取，这又带来了一个资金使用效率的问题。

我们假定，在并非极端的情况下，行情无论如何糟糕，平摊五次成本之后，都会有一波强劲的反弹，从而使你不仅不亏钱，反而能够盈利。那么在这一假设成立的条件下，就得把所有的资金分成 63 等份。在最初建仓的时候，只使用其中的一份，这相当于只动用全部资金的 1.59%，其余的资金都作为后备的风险金。这样看起来，资金倒是安全了，但是将 98% 以上的资金都闲置起来，只是为了预防一单的失误，资金的使用效率是不是也太低了呢？显然没有谁会这么做的。也不会有人认为，这居然是一个理想的策略。

事实上，以上的假设还是有局限性的，假如真遇到一波趋势彻底的逆转，这样的算计还是难免有全军覆没之虞。平摊五次成本，居然就是没有遇到一次强而有力的反弹，那样的下场可想而知。因此，如果资金没有多到足以彻底控盘、坐庄的地步，再多也是没有用的。算来算去，及时的止损也许会带来一些损失，相对而言还是一个比较经济的资金管理策略。

平摊成本不足取，锁仓是不是会好一些呢？本质也是相同的，这同样也是一种不敢面对现实的行为，不过是把眼前的麻烦延缓了一些时间而已。解锁的时候，常常会造成一些新的麻烦，还要多支付手续费，何苦玩弄这些小花招呢？

止损的技巧

怎么才能把止损做得更好一些呢？有人提出，应该尽量地做得稳一些，尽量选择那些成功概率比较大的时候下单，这是不是一个正确的态度呢？答案是否定的。这种消极而不思进取的策略，并不会解决根本的问题。一方面不做单、少做单，固然可以减少损失的可能性，与此同时，也意味着错过了许多机会；另一方面，这样势必会回到寻找确定性的错误道路上来，最终必然走向你所追求的反面。正确的做法是要树立对于正当亏损的态度，要把小额的亏损看成是一种必须支付的成本。

有人又提出,既然许多情况下,不及时止损也能够反败为胜,那么为什么不把止损的戒律搞得更灵活一些呢?这样就可以减少许多无谓的损失。这个建议乍听起来,似乎合情合理,实际只是一种理想化的空想而已。有谁能明确地区分出什么时间应该断然止损,什么时间应该观望?如果真有这个本事,也就没有必要来讨论止损不止损的问题了。既然你能恰到好处地知道该不该止损,那也就应该有能力选择恰到好处的入市点位。当你买进之时,行情就开始止跌上涨;而当你卖出之时,行情又恰好开始滞涨下跌,如此也就根本无须劳神去考虑止损的问题了。这种事情,恐怕只有神仙才能做到。

这个问题的实质是,到底是该坚持机械性,还是保持灵活性。在现实当中,机械性与灵活性各有利弊。坚持机械性的结果是,主观性小而稳定性好;灵活性则与之相反,主观性大而稳定性差。在高风险的交易当中,坚持机械性的好处是显而易见的。这样可以尽可能降低人性的干扰,提高稳定性。只有稳定盈利、持续赚钱才是交易的取胜之道,忽高忽低的业绩则是不可靠的。

机械地止损,就要像机器一样地毫无感情。这可以做到吗?说容易也容易,说困难也困难。这是不是需要很坚强的意志呢?答案是否定的!意志在止损这个问题上,根本就是无能为力的。这几乎是一条每个人都曾经历过的人生经验,当你告诫自己,一定要怎么样怎么样的时候,通常的结果是,一定不会怎么样。这背后隐藏着一股强大的暗流,总是在关键的时候,使坚强的意志变得不堪一击。这股暗流就是潜意识,在背后发挥着巨大的破坏作用。事实上,你也可以这样解读,当一个人告诫自己,一定要怎么怎么样的时候,其背后的潜台词就是,我总是做不好这个,我对此无能为力。

许多操盘手在止损不及时,招致了巨大损失之后,通常也会懊悔不已,并且告诫自己,下一回"一定,一定要做好止损"。可惜这话也只是说说而已,到了某个时候,一定还会故伎重演、明知故犯。在止损方面存在问题的操盘手,是很难做到"吃一堑长一智"的。

那么,为什么已经认识到了这个问题的严重性,有许多操盘手还是会一而再、再而三地重蹈覆辙呢？这其实是他的潜意识在暗中发挥着作用。难道潜意识具有自我毁灭的倾向？它竟然不期盼主人有好下场吗？这显然并不符合逻辑。正确的答案是，潜意识完全是一个自以为是、鼠目寸光，而又顽固不化的家伙。正是它所具有的"趋利避害"本能，好心没有办成好事情。这股力量是十分强大的，而且深藏不露地躲在暗处，常常会在你不自觉的时候发挥作用，鬼使神差般，使得问题变得复杂了起来。这也正是虽然你可能意识到其中的问题，但是依然会犯错误的症结所在。

问题的真正症结在于，有些人过于相信意志和理智的力量了。实际上，在意志、理智与潜意识、情绪相互较量的过程中，意志和理智是很难战胜潜意识和情绪的。通常来说，在需要意志发挥作用的地方，大都是已经到了无可救药的地方。如果我们把成功的希望寄托在这方面，那么随机性、不确定性就未免太大了。

那么是不是在止损面前，我们就没有办法了？办法是有的，这就是要正视潜意识与情绪的力量，为此要努力养成机械性止损的习惯，不给潜意识与情绪发挥作用的机会。

具体的策略是，止损的指令一定要在价位被触及的第一时间做出。在这个时刻，一定要坚决果断。否则一旦错过这个最佳时机、错过了规定的点位，还没有平仓出局，操盘手很容易就会陷入进退两难的地步而不能自拔，随之而来的"侥幸"心理以及"破罐子破摔"的心态也就会渐次登场，你也就会选择一直得拖延下去。一旦到了这步田地，纵然你有再坚强的意志也是枉然，你其实已经变成了情绪和潜意识的俘虏。

止损的额度

止损是必须的！止损是不能讨价还价的！接下来的问题是，应该如何设置止损的额度呢。如果这个问题不能很好地解决，不能制订出合情合理的止损范围，同样也会演变成止损的障碍。在这个问题上，许多人都没有能够给出令人信服的答案。通常的做法是根据自己的感觉，想当然地给出一个数字。这就难免要在执行的过程中心生疑虑了。试想，一旦对止损额度的合理性，有了一定程度的怀疑，而并非完完全全的信服，又怎么可能完美地执行止损呢？

一个操盘手的平均盈利水平是由行情大小、交易风格、资金多少、进出节奏，以及心理的承受能力等诸多因素共同造就的。要想制定出合理的止损额度，就不能完全根据经验来的，而必须根据操盘手的平均盈利水平来定。只有在平均盈利水平的基础之上进行倒推，才能得到真正合理的止损额度。

要想稳定盈利，就必须让平均盈利的数额大于平均亏损的数额，如果再考虑到交易费用的因素，平均盈利的数额就一定要比平均亏损的数额多出一定的倍数，才能使稳定盈利有切实的保障。这是无论谁也不可能打破的规律。这个倍数多少才合适呢？一般而言，盈亏比的数值最好保持在3倍以上，只有这样才有可能稳定盈利。

对于超短线交易而言，有人可能会心生疑问，在那么短的持仓时间里，每一笔赚的不过是些蝇头小利而已，盈亏比会有这么高吗？答案是肯定的！即使是超短线交易，只要是盈利比较明显的，无一不是符合这个数值的。有兴趣的话，读者可以随便找来一位高手的交易记录来计算一下，一定可以发现隐藏于盈利背后的这个数值。

既然这样，止损的额度也就好计算了。把一个操盘手交易的盈利部分加在一起，除以盈利的做单量，这就得到了"盈利均值"。然后再用"盈利均值"除以3，这就是操盘手应该止损的最大额度。一个操盘手只有坚守住这个底线，才有可能稳定盈利，否则要想稳定盈利，无异于水中捞月、缘木求鱼。

举例说明：有一个时期，股指期货的行情不是太活跃，操盘手尽了最大的努力，盈利均值也只有区区的400元左右。那么400除以3得到一个数值133.3，那么你就应该把你的止损额度锁定在120元左右，一到这个时候，你就要坚决止损，如果你没有这个魄力，很难做到这一点，那么你也就几乎不大可能会有稳定的业绩。

做沪深300股指期货，浮亏120就止损。这能做到吗？对于有些操盘手来说，这可能有点难以想象。但实际上，一些超短线的高手就是这么做的。有兴趣的读者，不妨参考一下"附录一"。"附录一"里面有一个"快枪手"交易的实时交易记录。

这个操盘手账户里的资金，足够他同时下四手单子。在大多数的情况下，他只下两手单，个别时候下了三手单。由于中金所有做单次数的限制，这一天这个操盘手更换了三个账户。其中一个账户，在大约三个小时的时间里面，这位操盘手总共做了934手单，手续费大约43000元，平仓盈亏是69000元，净盈利大约26000元。让我们仔细看一看，他的各项指标：

正确率	最长持仓	最短持仓	盈利均值	亏损均值	盈亏比	平仓盈亏
59.26%	49秒	1秒	297元	78元	3.8倍	69000元

从这个表格里面，我们看出，他的亏损均值只有78元，这说明他的止损更为积极一些，有许多次见势不妙，马上就平仓了结了，而根本没有等到触及止损价位。

当操盘手制定好自己的止损额度之后，就要坚决地在第一时间执行。当然也会有这种情况出现，就是一波行情猛然向着你建仓的相反方向逆转，你一时之间猝不及防就损失了很多。就是在这种情况下，你还是不能自暴自弃，还是要尽可能早地出来。这种情况的确是你难以控制的，不过这也只是发生概率比较小的事件，就把这当成是偶然的事故好了。不过另一方面，行情有时候也让你猛然大发一笔横财，这样的机会也不是没有。这两方面都应该看成是特例，大体上是可以相互抵消的。我们这里强调的是，在大多数的情况下，止损的额度其实是操盘手能够控制的，就看你有没有这个魄力了。如果你没有这个魄力，还想着稳定盈利，办法只有一条，那就是适当地减缓下单的节奏。在行情不活跃的时候，减少下单的频率。否则，你的风险就会很大，稳定盈利的机会也会由此变得十分渺茫，几乎与撞大运没什么两样。

超短线高手与一般操盘手有什么不一样？主要就是止损的能力不一样。

高手们止损的额度都非常小，而且止损更加果断，这就意味着，他们几乎总是见势不妙就马上离场，而不会有片刻的犹豫。

一个操盘手想要提高自己的操作水平，需要在内外两个方面下更大的功夫，内在的修养就是心态，外在的技术就是止损。止损的及时与否，以及在什么样的范围之内止损，完全可以看成是衡量操盘手水平高低的一个指标。我们还是拿沪深300股指期货来举例说明：止损不及时，经常还会犯错误的操盘手是"不入流"的操盘手，是最低级的操盘手；能够在300元左右果断止损的是"成熟级"的操盘手；只有那些能够在120元左右果断止损的才能算是"高手级"的操盘手。

不止损是不自信的表现

谁都知道止损的利与害，可就是事到临头的时候，依然会明知故犯，而且屡教不改。这究竟是什么原因造成的呢？其中很重要的一个原因是，操盘手的心态已经出现了程度不同的问题。事实上，止损不及时的毛病，并非总是与操盘手的整个交易相伴始终的。自始至终都做不好止损的操盘手，同样也是极为罕见的。大部分的操盘手，在止损方面总是做得时好时坏，一会儿止损很利索，一会儿又犯起了糊涂。

通常在心态平稳、操作顺利、业绩稳步上升的时候，一个操盘手的止损也会做得相对好一些。相反，当操盘手积累了一定额度的亏损之后，心态发生了变化，这时候止损不及时的毛病才会跟着渐露头角。于是，一个恶性循环就此开始了，越不想再亏，就越是在应该止损的时候变得犹犹豫豫；越是犹犹豫豫，就越是可能招致更大的损失。

不果断止损的操盘手，一定是不够自信的操盘手。为什么心态不好的操盘手，会在应该止损的时候，变得犹豫起来呢？因为这时候，他们已经"亏不起"了，尽管他们的理智告诉他们，失败只是暂时的，为了稳妥起见，应该先平仓出来了。可是这个时候，他们的潜意识里却另有一个声音告诉他，不能再亏了，这一笔可千万不能再亏了。就是这样，他们大脑的"决策层"出现了分歧。一旦大脑中出现了这种分歧，千万不要相信凭借理智的力量能够把思维拉入正规，通常理智是很难战胜情绪的。于是，就在刹那的犹豫之间，最佳的止损时机错过了。一个重蹈覆辙的悲剧旅程就此开始，操盘手又一次将命运交到了运气的手里。

那些止损做得好的交易高手则不然，他们通常总是勇于止损、严格止损的。他们之所以不害怕小的损失、能够接受小的损失，是由于他们对自己的整体交易信心十足。他们很清楚地知道，一两次的得失无关大局；只要没有大的损失，他们有的是机会把微小的损失再赚回来。反过来，也正是由于他们始终严以律己，乐于接受小的损失，而不绝容忍任何一笔大的损失，这才造就了非同一般的业绩，真正走上了一条良性循环的道路。

从这个角度来讲，止损做得好不好，并不单纯是技术性的问题。要做好止损，首先要找到一个自己认可的盈利模型，并对之保持坚定的信心。其次要坚定不移的运用这种模式，只要按着规矩来，坚持到最后，一定是能够盈利的。任何盈利模式都不是十全十美的，运用到具体的行情中，也必然会有对有错、有盈有亏。为了坚定对盈利模型的信心，可以事先对这个模型的整体表现，进行一番测试与评估，如此就可以得出盈利的概率是多少、亏损的概率是多少了。这样才会将损失看得淡一些，增强对整体盈利的信心。反之，如果操盘手对整体策略并没有多大信心，就会缺乏方向感，也就会在一笔两笔的浮亏上斤斤计较。意念稍微一不坚定，一旦错过最佳的止损时间，也就难免重蹈覆辙了。注重止损的技巧培养，只是一种治标不治本的权宜之计，要想根本解决，还要从信念、心态方面做根本的改变。

根本的解决之道

《坛经》中记载着这样一个小故事。禅宗五祖弘忍有一天把弟子全都招呼到跟前，要求他们各做一个偈子。并说，如果发现大彻大悟的人，就把他定为自己的接班人。大弟子神秀写了这样一则偈子，"身是菩提树，心如明镜台，时时勤拂拭，勿使惹尘埃。"大家看后齐声叫好，可是五祖却不以为然，告诉他，还没有完全领悟，要求他另外再作。神秀回去左思右想，竟然没有作出来。当时庙里有个做饭和尚，法号"慧能"，不仅资质浅而且还不识字。看到神秀写不出偈子，就求人把自己想出来的偈子写到白墙上。这幅偈子是这样写的："菩提本无树，明镜亦非台，本来无一物，何处惹尘埃。"五祖看后，当天夜里就把自己衣钵传给了慧能，认为他已经大彻大悟了。

许多操盘手想出各种方法，对止损不果断的毛病严防死守，效果都不太理想，归根结底还是没有了悟到终极的推手。从根本上来讲，止损果断不果断，交易理念才是终极推手。有什么样的理念，就会有什么样的结果。一种理念认为，交易其实是一个随机试错的过程；另一种理念则坚持，稳定的盈利在于正确的预测。这是两种截然不同的理念，在止损方面导致的结果也会大相径庭。

如果你认为交易是一个随机试错的过程，盈亏是随机的，是不可预测的，那么在入场之初，你自然就不会那么盲目自信了。在这种理念的指导之下，行情是变化无常的，并没有什么是绝对的。一个操盘手之所以选择在某个位置进场，这并不表明，这个地方就是十拿九稳的；仅仅意味着，这个地方相对其他位置来说，成功的概率要高一些，如此而已。你原本就抱着一个随机试错的态度进去，一见有风吹草动，你自然也就马上出来了。这种开放的、谦虚的心态，使一个操盘手能够始终保持足够的灵活性，止损起来自然也就毫不费力。

相反，如果你坚信盈利必然要建立在正确的预测基础上，那么你在交易行为上也将会体现出这一信念。在建仓之前，你会告诫自己，千万不要鲁莽，一定要寻找十拿九稳的点位，才肯进场。既然没有那么容易进去，进去之后，也就不会那么容易出来。不难看出，在这种情形之中，不能果断止损的病根，其实早已经蕴含在交易理念当中了。止损不果断的根本原因不是别的，正是这类操盘手比随机试错者，多了一份对行情更有把握的盲目自信。顺便提一句,这也是那些熟悉技术分析的人士,最容易犯的毛病。

因而,从根本上来讲,要想彻底改掉止损不及时的毛病,就要彻底接受风险。要时时告诫自己,在变化多端的行情面前,你的预测只是个概率事件,你并没有能力保证自己一定就是对的。只有这样,才会保持心态的开放、做单的灵活性,而不会心存侥幸。有关于这一点,不仅要在口头上接受风险,还要在心里接受;也不能只在意识层面接受,还必须在潜意识层面上也接受它。只有这样,才能达到无所畏惧的境界,才可能转化为自然而流畅的执行力。否则就难免时不时地犯糊涂,重蹈覆辙。

广义止损更重要

止损是必须的,不过有些操盘手会狭隘地理解止损的定义,他们以为这只是针对具体的每一笔交易而言的。实际上,更加广泛意义上的止损更为重要,这就是我们应该把一整天的交易当作一个单元,对应着每个单元也要设立一个止损的额度。设想,单元的平均盈利始终也没有单元平均亏损的多,其结果不是和每一笔的交易一样吗?

因此,对于一整天来说,也需要设立一个止损额度。这个额度虽然不能完全照搬每一笔交易那样的"倒推法"来设定,但是有一条原则、一条底线是不能违背的,那就是每天平均亏的,绝对不可以比每天平均赚的要多。否则一旦发生盈亏倒挂,就很难最终盈利了。这个意义上的止损更有必要做好,不过却常常被许多操盘手所忽视。

美国证券界有一个简单、实用的交易法则,叫作"鳄鱼法则"。这条法则来自鳄鱼的吞噬方式:当一个猎物越是试图挣扎,鳄鱼的收获也就会越多。假定一只鳄鱼咬住了你的脚,如果你用手臂试图解救你的脚,那么鳄鱼就会同时咬住你的手和脚。你越是试图挣扎,不仅于事无补,反而会越陷越深。所以,万一鳄鱼咬住了你的脚,你唯一生存的机会,便是牺牲一只脚。这条法则告诫操盘手,亏损到了一定额度的时候,最好赶紧离场,别总想着再弥补回来，否则就会越陷越深。

当然，"鳄鱼法则"这个粗浅的比喻，并不会在一整天的交易当中发挥作用。但有一点是肯定的，这就是随着操盘手亏损数额的累积，到了一定程度，操盘手的心态难免会发生一些变化。这样一来，操盘手的判断力就会大打折扣，导致鬼使神差般的一错再错。这时候，理智的做法最好是严格执行当天的止损额度，一旦亏损到一定的程度立即停下来，别总想着把亏损再扳回来。

当一个操盘手已经不能心如止水的时候，他对于行情的判断难免会出现这样那样的偏差。他们常常会把一些主观的愿望，自觉不自觉地强加到行情之上。在这种状况之下，会有一种心理错觉冒出头来：在焦躁心态的驱使下，操盘手会变得过分敏感，总是误认为一波大的行情、让自己一举翻身的机会马上就要到了；如果不赶紧进场，就会错过一个大好的机会。这也就是，为什么当操盘手亏损大了的时候，他做单的频率和节奏反而要比盈利的时候，要多得多的原因。

第八章　技术分析的副作用

　　老子说,"万物之始,大道至简,衍化至繁。"同样如此,起初人们做交易的时候,也并没有这么多的指标、参数可以用来作为参考的。那么,他们依据什么来做交易呢,他们依据的东西极其简单,就是自己的直觉。

　　依据直觉进行交易,有的人会做得很好,有的人就做得不是很好。那些做得不是很好的人,改变现状的愿望似乎就格外的强烈。他们总感觉依靠直觉不那么踏实,他们总想寻找一些更加确定性的东西用于指导他们的交易。既然有了这样的需求,慢慢地也就有了一些好事之徒,无中生有地发明了一套叫作"技术分析"之类的东西。

　　这套东西起初还只是些最基本的东西,后来可就变得越来越复杂了。这套东西逐渐地被推而广之出去,并且日渐壮大起来,发展到目前,俨然已经成了一门显学。任何一个人随便跑到哪家稍微有些规模的综合性书店,一定不难发现,这类书籍往往是品种最多、数量最大的一类,花里胡哨、道貌岸然地把几幅大书架占据得满满当当。

　　不仅如此,这门学问还催生出了一个新的行当,有那么一大群人就靠着这门学问来混饭吃了。他们通常总是把自己打扮得衣冠楚楚,到处举办报告会、到电视节目里面做客、在报纸上发表文章,滔滔不绝地指点着江山,对行情的走势品头论足地发表一番议论。这群人有一个好听的名头,美其名曰"分析师"。

　　既然这套东西已经依然形成了气候,一些不明就里的人们也就认为,自己也很有必要掌握一些这方面的知识,否则似乎就有点跟不上形势了。有一些人对这套东西简直痴迷得不得了,终日里孜孜以求地钻研着,妄想有朝一日能够破解行情的密码,好让自己窥见先机,从而给自己带来滚滚的财源。甚至还有一些人,不可一日、一时无技术分析,他们根本不相信自己眼睛所看到的走势,总怀疑自己所看到的只不过是市场的假象而已,一定要套用一些指标、参数、图形对照着行情再验证一番,否则就会感觉无所适从、难以下手。技术分析真的那么管用吗?

技术分析只不过是哈哈镜

在交易时间内,买卖双方不断地出价,经过撮合之后,就产生了一个接一个的报价。这些报价,首先是以数据的形式呈现出来的。如果没有任何技术图形、指标,那么这些数据所展现给世人的,也就只是一个一个的数字。有了技术分析的图形、指标之后,这些数字按照一定的规则,经过一番换算、转化之后,就可以呈现出各式各样的形态了。技术分析将干巴巴的数字转换成了可视化的曲线,的确是方便了不少。这样看起来会更加直观一些,但是有些指标在转换的过程中,也会发生一些问题。

技术分析方法,大致可以分为五个类别:K线类、指标类、形态类、切线类、波浪类。其中K线系统是比较基础的一类。一根K线是怎么得到的呢?首先要做的就是将数据进行简化处理,也就是必须压缩、过滤掉一些信息。K线可以设定不同的周期,当行情在一个设定周期结束之后,就可以根据走势的结果来画K线了。一根K线是由四个价格组成的:即开盘价、收盘价、最高价、最低价。开盘价与收盘价之间的部分,叫作K线的主体;高出、低于主体的最高价、最低价的部分,则被称之为上影线、下影线;如果收盘价高于开盘价,就表示成阳线,反之则为阴线。

在这里,我们可以清楚地看出,K线只选择了一段周期之中的四个价格,而把其他的数据统统都给省略掉了。目前市面上的软件,K线的最短周期是一分钟,在一分钟里面省略掉若干个价位点,似乎还可以接受,否则就过于琐碎了。然而其他的周期,还有三分钟、五分钟、十五分钟、三十分钟、一小时、日线、周线、月线，甚至还有年线，也都采用同样的处理方式，将四个价位之外的数据统统过滤掉了。

尽管一根 K 线过滤掉极多的具体内容，但是这根已经"脱水"、失去了丰富内涵的 K 线一经画出，就被约定俗成地认为是某一段行情的代表了，并且具有了可以自行其是的、启发后市的指导作用。试问在较长的周期里，比如周线、月线、年线，只是选取了四个价位，就被当成了该段行情的全部，这与捡起一片树叶就把它当成整个大树乃至整片森林，不是一样的荒谬吗？这一类图形还好，尽管漏掉不少数据，不过基本上还是反映了行情本来的比例关系，并没有把行情的本来面目扭曲、变形。

在整个技术分析系统里，名目繁多的指标类，可就不一样了。这些指标比较常用的有，相对强弱（RSI）、随机指标（KD）、趋向指标（DMI）、平均异同移动平均线（MACD）、能量潮（OBV）、心理线（PSY）、乖离率（BIAS）、威廉指数（WR）等等。这些指标无一例外，都是根据行情走势某一方面的特性，根据价格、成交量的历史数据，通过建立一个数学模型，利用一些数学公式而得到的。这么一处理，固然起到了突出主题的作用，可另一方面也扭曲了行情本来的面目。从这个意义上讲，这些指标变成了行情的一面哈哈镜。

接下来，我们再看看形态类的技术分析方法。主要有 M 头、W 底、V 型反转、头肩顶、头肩底、三角形、圆锅底等等。这类形态都是依附在 K 线之类的走势图上的虚构图形，就好像天象图当中，天文学家把几个星星称为天秤座、金牛座、人马座一样。这是分析人士为了便于把握行情的整体特征，对以往走过的痕迹无中生有杜撰出来的名目。为了使这套形态更言之成理，分析人士还在这些形态背后，附上了许多投资大众的心理因素。与此类似，切线类的技术分析也同样是分析人士自己杜撰出来的，本身也并不是行情本身所固有的。这类切线包括：支撑线、压力线、趋势线、轨道线，还有黄金分割线、百分比线等等。

在技术分析的所有方法当中，就数波浪理论，最难以把握、最容易引起分歧了。换句话说，这应该是最不靠谱、最不好用的一类；不过在一些分析人士的眼里，这却成了高山上的雪莲、幽谷中的奇葩，认定其中必定隐藏着破解行情的密码。据说，这套理论是符合大自然潮涨潮落的规律的，其中还包含着一组神秘的数字，这就是所谓的"斐波那契数列"。

从本质上讲，所有技术分析的图形、指标，不管是简化了的，还是变形处理了的，抑或是无中生有虚构出来的，它们与行情本身都是一种"亦步亦趋"的关系，这就好像一个人和自己影子的关系一样。在人与影子的关系当中，人是主动的，影子是被动的。同样如此，行情是主动的，技术分析的图形与指标是被动的，只有行情先行出现价位的变动，技术分析的图形与指标才会跟着一起发生变化。

这种关系，孰先孰后是不言自明的。然而令人惊讶的是，这些形态、指标、切线一经出现，许多人自觉不自觉地赋予了它们可以"自行其是"的独立性，其中的荒谬无异于，影子可以脱离人而单独存在。这种"反客为主"事情，本应该只会发生在安徒生的童话里。可是在技术分析的系统里，凡是被发明出来的指标、图形，无一不具有了这样的特性。这样就造成了一种后果，许多人常常宁愿意相信技术指标所揭示出来的东西，也不大愿意相信眼睛所看到的真实状况。

我们还是拿K线系统来举例，起初这只不过是用以简略记录市场波动的一种符号系统。但式这套系统一经发明，经由历代研究者的总结，竟然衍生出了一整套非常惊人的理论。别看就是这么只有四个价位、两种颜色的符号，竟被冠以了各种各样的名目，什么黄昏之星、射击之星、十字星、乌云盖顶、吊颈线，等等。这些奇奇怪怪的名目，再辅之以心理学、阴阳学说，终于被搞成一套玄而又玄的"大学问"，有些所谓的"证券大师"仅仅依靠这套玩意儿，就可以杜撰出厚厚的一本书出来。当"黄昏之星"升起的时候，就表示一波行情行将结束了；当"十字星"出现的时候，就表示快要否极泰来了。……真是难以置信，几根短短的K线，竟会有如此神奇的预测作用！当一些初学者见识到这些名目，再看看书中所举的例子，没有不瞠目结舌的，原来这其中竟然蕴藏着如此的奥妙。

然而，一拿这套玩意儿去实践，好像就没有那么灵光了，你一定会发现，这套玩意儿用起来，有时候是准的，有时候是不准的。准的时候，投资者自然会有一种开窍的欣喜，从而更坚定了对这套东西的信念；不准的时候，那一定是自己还没有完全领悟到书中的"微言大义"。于是，就更加刻苦地钻研了进去。就是这样，技术分析不仅没有简化问题，反而被搞得越来越复杂了，这似乎距离原始的初衷越来越远了。

何必要枉费心机兜这么大的一个圈子呢？其实，任何一个人只要用心地体会，完全可以把行情、走势的轨迹，猜个八九不离十。还是返璞归真吧，行情、走势的答案就在其自身当中，根本无须他求。

技术分析并不好用

古希腊哲人赫拉克利特说："万物皆变，无物常驻，如同人不可能两次踏进同一条河流。"这话用于概括市场的变动不居再合适不过了。在每一个时刻，每一个点位，行情的走势看起来似曾相识，但实际上是不一样的。交易市场是一个由众多投资者参与的市场，每个人又有各自不尽相同的思想，同时还要受到许多外在环境因素的影响，要想某一个点位、某一时刻的走势与以往完全相同，就必须复制出产生那个点位的所有条件。这绝对是不可能办到的事情。因而，人们也就根本不可能依靠什么技术来寻找到他们想要的"确定性"的结果。

可是，在讲解技术分析的书籍里面，为了说明某种指标的妙用，作者往往会在书中罗列出许多的图表出来。并且言之凿凿地指出，在某年某月某日的某个点位，该指标清晰无误地揭示出一个绝佳的进场机会。事实上，所有技术分析的种种工具，在事后看起来，也都是清清楚楚、一目了然的。一波行情总会有一个起点，有一个终点，既然指标、图形是行情的一面镜子，必然会与行情保持亦步亦趋的对应。那么行情走出来之后，与之相对应的指标、图形，也会跟着有一个高点、低点呈现出来，这丝毫也没什么好奇怪的。难道据此就可以说明这些指标、图形有多么管用吗？这种事后诸葛亮的做法，

第八章 技术分析的副作用

着实迷惑了不少人。问题的关键之处在于，在行情还没有走出来之前，你是否真有勇气依据那些指标、图形所揭示的信号去试一试呢？

事实上，技术分析并没有那么好用，实在有些名不副实，根本不值得人们花费那么大的精力、给予如此之高的关注。技术分析假设"历史会重演"，认为破解未来走势的密码就隐藏在历史的数据里，甚至认为未来就是历史的翻版。于是，技术分析人士根据以往数据进行了一番归纳、总结、统计，得出了一些特征性的东西出来。然而，历史绝对不会被简单重复的，因而这些结论与行情本身之间也就绝不可能是精确的、一一对应的关系。目前的技术分析所能提供的，也只不过是行情的一个大致轮廓而已。在具体运用中，会出现许多的不确定性。这正如一些投资者所说的那样，技术分析不是一门精密的科学，而是一门艺术。

技术分析与生俱来具有难以克服的不确定性，势必造成这样一种结果，那就是使用过程中的随心所欲。技术分析看得多了、用得多了，交易者一定不难发现，各种工具揭示出来的信号，有时候很准，有时候很不准。这就带来一个问题，人们应该什么时候相信，什么时候应该不相信呢？

目前，有些证券公司、期货公司推出了程序化的交易软件。投资者可以根据历史数据，选择几种指标，构建一个策略，然后设定好参数，软件就可以自动下单了。这些软件是不带感情色彩的，只要条件符合，就会发出相应的指令，一以贯之地机械性执行。据推广这些软件的人说，还是能够赚到一些钱的，不过也并不理想。

可是，人不是电脑，人是有感情、有情绪的。因而，也就不可能一以贯之地坚持执行某些指标所发出来的信号，而只能是有所选择的使用。也就是说，每一个人在使用的时候，都难免会掺杂一些主观的色彩。如此一来，在解读信息的时候就会带来一些问题。从根本上来讲，每个人对信息的解读都是有选择性的。举例来说，同样是一波走势，持仓的与空仓的操盘手，所看到的东西就不尽相同。持仓的操盘手，总是倾向去收集那些对自己有利的信息，而不愿意相信不利的信息。这个时候，操盘手就很难做到客观、公正地解读信息。他的视野已经变得日渐狭窄了，所谓"当局者迷，旁观者清"，讲的就是这种情形。讲到这里的时候，我们就又一次地，遭遇到了心态的问题。

依然是心态的问题

不论是在证券市场，还是在期货市场，都有一大批人乐此不疲地钻研技术分析，偶有所得则倍感欣慰，从而更坚信了技术分析的效用；一旦技术分析不灵光，他们依然执迷不悟，往往认为是自己的功夫还没有用到家，没有完全领悟技术分析的真谛，于是更加刻苦地钻研下去。

技术分析真的有那么深奥吗？对于一些技术指标来说，背后的计算公式也许的确有一些复杂性。不过具体到运用的规则，则没有复杂到哪里去。只要受过一定程度的教育，理解上应该不会存在任何问题。打个比方来说，电视机的内部构造是复杂的，不是专业人员是不会搞得清楚的，但是电视机组装好了之后，人们操作起来却是很简单的。技术分析的各种工具也是如此，具体怎么运用的法则，也早已经被总结得清清楚楚了。有人之所以感觉技术分析很深奥，在某种程度上来讲，还是心态上存在一些问题。准确地说，就是这些人对自己的交易没有自信心。

我们具体举一个例子来说明一下这其中的微妙心理。比如相对强弱（RSI），也许背后的计算公式，看起来略显复杂一点，但是具体的运用法则却并不难掌握。主要就是以下四点：

（1）根据 RSI 数值的大小判断行情。将 100 分为四个区域，根据 RSI 数值进入的区域进行操作。

RSI 值	市场特征	操作策略
80~100	极强	卖出
50~80	强	买入
20~50	弱	卖出
0~20	极弱	买入

当然，这里"极强"与"强"的分界线，以及"极弱"与"弱"的分界线并不是那么明确的，只是一个经验的估计而已。而且 RSI 所能达到的数值水平，也与选择的参数有关。

(2)两条或多条 RSI 曲线联合使用。参数小的 RSI 比较敏感，为短期 RSI；参数大的 RSI 比较平缓，为长期 RSI。当短期 RSI>长期 RSI，属于多头市场；短期 RSI<长期 RSI，属于空头市场。

(3)根据 RSI 曲线的形态来判断行情。当 RSI 曲线处于较高或较低位置，并且形成头肩顶(底)、三重顶(底)等形态的时候，就是采取相应买卖行动的时候。

(4)从 RSI 与价位的背离方面判断行情。当 RSI 数值处于高位运行，行情的价位一峰高过一峰，与此同时，RSI 曲线却出现一峰比一峰低的状况，这就是所谓的"顶背离"，就是比较可靠的卖出信号。反之亦然。

基本上，根据以往经验总结出来的相对强弱(RSI)的运用规则也就是这些。其中并没有什么晦涩难懂之处。其他的指标、图形、切线等等，与此类似，也各自有一套法则，同样也并没有什么晦涩难懂之处。不过，在具体运用过程中，有些人始终感觉有些不靠谱，犹豫再三还是不敢下手。这固然有一部分原因，是由于技术分析本身难以克服的缺陷所造成的，但同时也有操作者自己的心理因素在起作用。

我们还是拿相对强弱的运用来说明。凭着经验，RSI 数值一旦进入 80~100 这个区域，就算是进入超买区了。这意味着，行情随时随地都有可能发生由盛而衰的回调。问题是，对于投资者来讲，他是应该在 80、81、82、83……卖出去呢？还是应该再等等，直到数值进一步达到 90、91、92、93……的时候再卖出去？这是任何一个分析师也难以明确告诉你的。他们只能告诉你，到达这个区域，回调的可能性越来越大了。这样的结论是没错的，但显而易见，并不精确。这种不精确性，是所有技术指标都难以克服的。运用的时候，操作者需要依据自己的经验灵活决定，这其中心态就会起到重要的作用。如果一个操作者能够容忍一定程度的亏损，那么也许他就会做出相应的反应。反之,如果一个操作者,骨子里难以忍受哪怕一点点的亏损,那么他就会继续再考察考察、再观望观望。

如果仅凭单一的指标还不能得出结论,一些投资者通常还要再去参考其他的技术分析工具。经过了如此这般的一番折腾,也许能够得出一个结论,也许还不行。但无论结论如何,有一个道理是大家都认同的,这就是一个事物的各个组成部分,并不等同于事物本身。如果有谁把局部的特征当成事物本身,那就难免会遭遇类似盲人摸象一样的尴尬。为了避免这种以偏概全的倾向,无论下了多少工夫、参考了多少指标、得出了什么结论,最后投资者也都还是要再一次地回过头来,看看行情本身的运行状况,以便确认一下当前的走势是否与结论相互符合。这也就是说,绕来绕去,最后还是不能不回到行情本身的实际走势上来。

尽管一个投资者参考了许多技术分析的工具,出发点是想着对行情进行一番客观的审视。事实上,结论也许早已经在他们的心里面有了眉目。大多数的情况下,投资者都是已经有了一定的想法,然后才去寻找技术分析方面的支持的。这种看似客观的审视,不可避免地带有"先入为主"的印迹。比如,在股市形势一片大好的情况下,一个投资者迫不及待地想要进场。在他针对自己所选的股票左看看、右看看地考察过一番之后,他会怎么决策呢?如果一切都与他的预想合拍,那么他就会果断进入。如果不合拍,他心里就会感觉有点不太舒服,到底进场还是不进?这就有点复杂了。这个时候,也许他就会回想起,以往指标失灵给他带来的损失,加之行情还运行良好,这样他就会把指标所暗示的信息抛到一边。也许他对指标深信不疑,于是就会选择再观望观望。此后,行情如果的确如指标所暗示的那样,这就会强化投资者对于技术分析的信服,否则就会感到失望。

在长期的使用过程中,指标总有准的时候,也一定会有不准的时候。如此反复几次,投资者就会深刻地体会到技术分析的复杂性了,以后再运用起来,也必然会变得将信将疑起来,不再会那么坚定不移了。到了这个地步,如果投资者还不能觉悟,技术分析永远不可能带给他们想要的确定性、精准性,那么他就会一头扎进技术分析的故纸堆里,孜孜不倦地钻研起来,期望借此提高自己的预测水平。研究来研究去,他们就会感觉,技术分析实在是奥妙无穷。实际上,这是他们交易理念出了问题,这既是他们追求完美主义的交易倾向,同时也是千方百计力图避免亏损的心态所造成的必然局面。

技术分析的反作用

对于超短线交易,只需要观察而后动就可以,根本不必去做一个"先知先觉者"。一旦超短线操盘手开始孜孜不倦的钻研起技术分析,那一定是自信心出了问题。就好像,有些人碰到了不如意的事情,感到空虚、茫然无助的时候,喜欢去问问算命先生一样。然而,技术分析根本不可能解决他们的问题,因为病因就不在交易的技巧方面。这完全是徒劳的,不仅于事无补,反而有害。须知"请神容易,送神难",技术分析这套东西一旦被你学到了手,当你想要摆脱它的时候可就难了。它会像幽灵一样,在操盘手的心里扎下了根来,时不时地冒出头来,搞出一些掣肘的"小动作",叫人防不胜防。

香港电影"大话西游"当中,猪八戒和沙和尚有一段很有意思的对话。猪八戒嘟嘟哝哝地说:"论智慧跟武功呢,我一直比他高那么一点点。可是现在多了一个紫霞仙子,他恐怕比我高一点点了。"沙和尚热心地说:"这边有我嘛。"猪八戒气哼哼地说:"正是因为多了你这个累赘,他才会高我一点点。"

技术分析对于超短线交易来说,所起的作用与沙和尚类似,不懂、不用,还会好一点,懂了、用了,反而会给浑然天成的技艺带来了一些拖累。"为学日增,为道日减",用在这里是一点不差的。做超短线交易的操盘手,务必要保持操作风格的简单化。如果你对技术分析一无所知,那不是一件坏事。你应该庆幸自己,还没有被技术分析这套东西污染到。反而是那些对技术分析已经有所涉猎的,要小心了。最好对技术分析来一个全新的审视,对相关理论有一个清醒的评估,才能确保不受干扰。

且不说技术分析这套东西本身并不好用，根本不值得人们对之报以如此热诚的关注。即便是好用，对于超短线交易来说，价值也不会太大。做超短线交易依据是什么呢？只要掌握两条最基本的原则就够用了：一条是辩性定律，一条是辩证法则。具体地说，只需要关注市场行情接下来一两分钟的变化就可以了。为此，我们要尽量多观察，拒绝过多的预测。当你看到目前的行情强劲地上涨，并且认定这段行情至少还会延续那么一段时间的话，那么你就果断地建立多仓好了；同样道理，你认为眼下的跌势还将延续，那么你就做空单。如果一切皆如你之所愿，那么你就把这一单保留的时间长一些；如果做反了，那么你就赶快出来就好了。交易的规则就是这么简单，只要做到这几点，稳定盈利其实并不难。

　　技术分析所要达到的目的，也无非是要辨别一波行情是可以继续发展，还是就此反转。在短暂的时间框架里，这些东西难道还需要借助别的东西来确定吗？涨就是涨，跌就是跌，这是用肉眼就完全可以看明白的，为什么不相信自己的眼睛呢？对于超短线交易来说，对于行情的预测更不需要打太多的提前量，只需估计下面短则几秒、十几秒钟，长不过一两分钟之内，行情是否能够延续，还是翻转就足够受用了。做到这一点，就足以赚得盆满钵满了，何苦要舍近求远呢？

　　技术分析对于超短线交易不仅用处不大，而且还会起到一定的干扰作用。对于一个短线操盘手来说，果断性最为重要。但是技术分析恰恰是果断性的"尅星"。一个人即使反应速度再快，精力也是有限的。在超短线交易中，参考的信息越多，下单的速度就会越慢，效果也就越差。这就好像，你习惯赤手空拳打击敌人，那么你就可以随时随地出击；但是如果你非要借用某种武器才能打击敌人，那么在你临阵去找武器的时候，就难免要贻误战机了。

　　习惯了使用技术分析，有时候还会叫你无所适从。因为有的时候，指标与行情之间、不同的指标之间，显示的东西是相互矛盾的，就会叫你犹豫不前。比如，在行情最后还要大涨一波的时候，一方面你看到行情在强劲而有力地往上冲，另一方面你又看到RSI、威廉指数之类的指标已经显示了超买，那么你该怎么办呢？是出手还是不出手呢？如果你相信指标，你必然就会变得犹豫不定；而没有学过这类玩意儿的操盘手，根本就没有这个概念，他们只会就事论事，也就有胆量果断地进去。

还有每个操盘手都难免犯错，在做错单的时候，如果一个操盘手看到指标显示一切正常，往往也会心生侥幸，产生再看看、再熬一会儿的念头，这时候指标又成了他们支撑下去的理由与后盾，由此就可能错过最佳的止损时机；而没有被技术分析所污染过的操盘手，则会就势论势地予以了断。在期货操盘的实践当中，是需要争分夺秒的，也许就是因为一念之差造成了内在的区别，使得懂得多的人，反而屡屡落后于无知无畏者。

技术分析不仅没用，还有一定的害处。那么，技术分析已经在脑子里生根的操盘手可怎么办呢？解决的办法也非常简单，把需要看的图形做一番删繁就简的改造就可以了。也就是让那些不必要的指标、图形统统地从眼前消失，眼不见、心不烦，这样就可以免受不必要信息的干扰了。具体的，在前面的章节已经讲过。就是只看一分钟K线图，而且是局部放大的K线，最好把所有的均线也去除掉。这样你就是想看别的东西，也没有了，你就可以专注于当下的行情，心无旁骛了。也许，这样一开始你会感到很不习惯，心里面总是感觉着不踏实。这个时候，你一定要忍着，千万不要再去调阅其他的指标、图形，过上那么十天半个月左右的时间，你也就习惯这样赤手空拳地出击了。

第九章　自信心最重要

一个人不可能对遥不可及的目标产生兴趣，因为那样的目标很难看到实现的可能性，几乎等同于空想。然而期货交易给人的感觉却不是这样，一个人的希望很容易就能被燃烧起来，这是一个很容易让人产生错觉的地方。有时候，一个操盘手会感觉期货市场里的钱，似乎近在眼前、触手可及。

这也许是期货实行的双向交易所造成的，因为每一次下单都有50%盈利的可能性，正是这个比率给操盘手造成了极大的错觉。即使水平再差的操盘手，只要允许他做下去，也会有做对的时候，运气好的话，甚至还可以大赚几笔。在评判功过的时候，一个人又总有这样的一种倾向，这就是把胜利归功于自己的英明决策，而将失利归咎于客观条件的种种不配合。这也就容易给人形成一个错觉，只要更正了一些操作上的失误，似乎赚钱并不太难。

期货市场赚钱容易？这真的是一个巨大的错觉。试想一下，这个市场是一个竞争性的市场，如果你盈就会有人输，有谁愿意输呢？人人都想着把别人的钱赚到自己口袋里。一次两次，甚至连续多次的盈利，根本不代表什么。在这个市场里，赚一笔两笔并不难，可是要想长期的、稳定的盈利就很难了。

只要操盘手一直待在这个市场里，就难免会陷入盈盈亏亏的轮回循环里。这其中的困难之处在哪儿呢？难就难在，在交易过程中，操盘手会遭遇到各种各样的、来自心态方面的干扰。这就使得，操盘手与盈利的目标中间，隔着一层坚固的玻璃。目标看得见，似乎近在眼前，这激起了操盘手无限的憧憬；障碍突不破，又叫操盘手感受到无尽的烦恼。这就是这个市场两重性的特点，既有诱惑又很残忍，这会把许多人折磨得很难受。

在交易顺利的时候，先别忙着得意。在交易失利的时候，也不要责备市场。因为市场行情本身是中立的。一个操盘手之所以不能稳定的盈利，是因为他对市场的看法出了问题，是因为他不能自始至终客观、冷静地解读市场信息。既然操盘手错会了市场的本意，又怎么能稳定盈利呢？在交易的世界里，操盘手最大的敌人不是别人，而是自己。这完全是一个扭曲变形、是非颠倒的世界，许多现实世界的优点，比如：自尊要强、雄心勃勃、坚持不懈、意志坚定等等，都会成为要不得的坏毛病。为了稳定盈利，操盘手需要时时地检视自己的心态，务必控制好自己的情绪。如此一来，期货赚钱也许真的就没有那么难了。反之，任由情绪的随意泛滥，盈利就会难上加难。

一则寓意深刻的三国故事

在战争中，将士的心理起着十分关键的作用。对于统领千军万马的将帅，如果能够对人性的心理有深刻的体悟，就可以"决胜千里之外，运筹帷幄之中"。有关这方面的例子不胜枚举，最为生动的莫过于三国"二士争功"的故事。

事情的原委是这样的，姜维得罪了太监黄浩，在避祸沓中之际，消息很快传到魏国。司马昭料定，这是灭蜀的绝好时机，就召集大臣征询意见。众人慑于蜀军的连年侵扰，都以为不可，唯独钟会胸有成竹。于是，司马昭命令钟会、邓艾，兵分两路进军蜀国。

对此，谋士邵悌却另有一番顾虑。他认为钟会志大心高，不可独揽大权，否则日后必生变故。司马昭笑道，他也了解这一点，但并不担忧。他的理由："诸葛武侯六出祁山，折我许多将士，姜维九犯中原，使我百姓不安，将士怯然。我见钟会之策，正合我肺腑，今日伐蜀，如反掌耳。汝众人之意，皆言蜀未可伐，人心乃怯。人心怯则智勇竭，若使强战，必败之道也。今众人心怯，唯有钟会独建伐蜀之策，是心不怯，故遣伐蜀，蜀必灭矣。蜀灭之后，降者无非蜀人也。凡'败军之将，不可以言勇；亡国之夫，不可以图存'，盖心胆已破之故也。若蜀一破，民心恐惧，不敢再反，将士各有思归，谁肯顺彼也？若有异心，自取灭族。"邵悌听了，佩服之至，赞叹真乃"高明远大之见也"。

后来事态的发展，果然如同司马昭所料。在钟会牵制姜维大兵的同时，邓艾取道阴平，绕过关隘，直取江油、绵竹，进逼成都，最终迫使刘禅投降。姜维听闻此事，大为震惊。悲愤之余，定下反间计，意图恢复蜀国。他故意没有向邓艾投诚，而是带着部队归顺钟会。他利用钟会的狂妄自大，挑动钟会拥兵自立。最后的结局是"一计害三贤"，既害了钟会、邓艾的性命，也搭上了自己。

在这个故事中，司马昭可谓老谋深算、收放自如，把事态悉数纳入自己的掌控。他明知道钟会心怀异志，依然大胆启用。他的判断主要就是基于将士的微妙心理：一是钟会具有必胜的信心；二是蜀人一旦亡国，信心也将随之崩溃；三是魏军灭蜀之后，思归心切。由此可见，在你死我活的争斗中，掌握人的心理是多么重要。

期货交易，从某种意义而言，又何尝不是一场战争？虽然没有硝烟弥漫、刀光剑影的场面，但是操盘手面对瞬息万变的行情，内心的挣扎与纠结，也同样是相当惊心动魄的。只不过这场争斗具体而微，存在于一个人的内心，没有显现出来罢了。

交易的成败，决定于哪些因素？在一些交易大师的眼里，心理状态、资金管理和盈利模式是三个至关重要的环节。虽然如此，这三大要素却并非互为鼎足，可以等量齐观。如果勉强用百分比来表示它们各自的重要性，那么心理状态最为重要，大约要占70%的比重；资金管理位列其次，占20%的比重；最被一般交易者所看重的盈利模式，反而最微不足道，仅占10%而已。

美国有位交易心理学大师范·撒普，在他所写的《通向财务自由之路》一书中更是认为，交易成败百分之百是由操盘手的心态所决定的。实际的情形也确实如此，许许多多的问题，看似还有别的缘由，归根结底总能找到心理方面的原因。

面对利益难以自持

事实上也证明,心态起着统摄全局的作用。在莘庄基地培训的操盘手当中,每个人都经过了为期一个多月的仿真交易。仿真交易与实盘交易做的是同一个品种,每天所看的图表、感受到的行情走势的变化也是一模一样的。为了做到仿真交易与实盘交易的无缝衔接,操盘手所选用的仿真交易软件也与实盘交易的软件是一模一样的,就连软件的各项设置也是毫无二致。在这期间,每个操盘手累计的做单量都在一万次以上。在上实盘之前,每个操盘手的业绩都已经十分稳定,相对于一手保证金来说,每天都基本保持在20%左右的盈利率。这一切都说明了什么?这说明,操盘手的盈利模式与交易技艺,都不存在任何问题。可是在上实盘之初,由于心态不能保持平和的缘故,几位平时表现最为出色的操盘手还是遭遇了滑铁卢。

"这有什么难的?"有一个还没有上实盘的操盘手找我聊天,很不以为然地说,"要是让我上实盘,我的心理就不会有什么变化,平时该怎么做,上实盘的时候还怎么做。"在他看来,保持心态平和居然也会成为一件困难的事情,这是无法想象的。要是果真如此,倒好了。可惜他也未能免俗,做仿真交易时轻松自如;一做实盘,也是章法混乱、患得患失,没有几个回合就败下阵来。

究竟是什么原因导致了这样的局面?是利益的诱惑使得操盘手再也不能保持心理的平静了。这种在实盘交易中的心理感受,与仿真交易是不可同日而语的。做仿真交易,账户盈亏的不过是一组数字。起初操盘手还可以假想这是真钱,也许还有那么一点紧张的情绪寄托其中,时间一长就不是那么回事了。在心无傍骛、不惧怕得失的情境中,操盘手简直如同在做游戏一样,看山还是山、看水还是水。他们冷静地观察、果断地出击,技术水平发挥得八九不离十,成绩自然也就一天好过一天。

然而做实盘交易时,账户盈亏的可就不再是一组虚拟数字了。盈亏的东西一旦变成了真金实银，情形也就立刻变得完全不一样了。这个时候，在操盘手眼里，看山不再是山、看水也不再是水了，难识庐山真面目，只缘身在此山中。

为什么一旦面对真实的利益，同样一个人竟会表现出如此巨大的差别呢？可见金钱巨大的诱惑，具有使人迷失本性的穿透力。莎士比亚在《雅典的泰门》中说得非常精辟："钱是一根伟大的魔棍，随随便便就能改变一个人的模样。金子这东西，只这一点点，就可以使黑的变成白的，丑的变成美的，错的变成对的，卑贱变成高贵，老人变成少年，懦夫变成勇士。它可以使受诅咒的人得福，使害着灰白色癞痫的人为众人所敬爱，它可以使窃贼得到高爵显位，和元老们分庭抗礼，它可以使鸡皮黄脸的寡妇重做新娘。"司马迁也曾感慨道："天下熙熙皆为利来，天下攘攘皆为利往。夫千乘之王、万家之侯、百室之君，尚犹患贫，而况匹夫编户之民乎！"

利益、金钱原本就有让人迷失本性的诱惑力，更何况这是在期货市场。期货交易制度所具有的杠杆效应，在放大了利益与风险的同时，也把操盘手情绪的强度一并放大了。人非圣贤，有几个能做到宠辱不惊？这些没有经过真实风雨洗礼的新手，面对盈利怎么能不叫他们为之欣喜若狂？面对亏损又怎么能不令他们惊慌失措，感受到如同坠入深渊一般的苦痛呢？盈亏的转换时常就发生在一瞬间，忽而把操盘手抛向天堂，忽而把他们扔向地狱。如此剧烈的反差、如此浓缩的强度，足以叫一个人的内心犹如翻江倒海一般的沸腾，又怎能再保持情绪的稳定，又谈何精神的专注？

情绪的破坏性

任由情绪泛滥下去，势必会影响交易水平的发挥。业绩不稳定，甚至日渐亏损，就会令人心情郁闷、烦躁，自信心也会被一点一点地蚕食掉。尽管一个操盘手感觉自己的技术没什么问题，可是面对真实的亏损，又做怎样的解释？他们的内心无法说服自己，势必会陷入一种矛盾、纠结的情绪之中。

如果这种境遇没有改观，他们就会变得更加不自信。在行为上也开始变得缩手缩脚、患得患失起来。

"人心怯则智勇竭"，一旦操盘手变得不自信，一定会在交易的当中，出现这样那样的问题：

第一，在建仓的时候，变得犹犹豫豫。当操盘手变得不够自信的时候，一些潜台词就会像这样干扰建仓的决心："这个地方应该是个不错的机会，不过还是再看看吧，冒冒失失进去，再亏就不好了。"自信的操盘手则不是这样，他们只会看行情适不适合进去，并不担忧会不会亏损，也就不会额外地增加任何防范机制。

第二，在止损的时候，变得拖拖拉拉。已经亏了不少，再亏下去怎么得了？再看看吧，也许浮亏只是暂时的。有关这方面的问题，前面章节已有详细分析，这里就不再赘述了。

第三，在浮盈的时候，变得战战兢兢。赚钱已经很不容易了，好不容易赚了一笔，又怎么能容忍到手的利润再吐回去？同样在这个"是去是留"的关键点上，一些不够自信的操盘手，已经不太有勇气仅仅根据行情本身的特性来判定是非了，他们不敢奢望太多的利润，只想着尽快落袋为安。

第四，在亏大的时候，变得急急忙忙。小额的亏损会让操盘手变得拘谨起来，但是大额的亏损却会叫他们有一种大难临头的惶恐，并进而激发起他们奋起反抗的斗志。也就是说恐惧超过了一定的限度，他们的意志变得似乎反而更加坚强了起来。这时候，他们情绪已然失控，理智基本完全瘫痪，行为方式就好像是一只受到重伤的野兽。他们急着抓到一根救命稻草，精神会变得异常专注。此时此刻他们只有一个念头，那就是无论如何也要把亏损弥补回来。于是接下来，犹如鬼使神差一般，他们会一单紧似一单进场交易，变得异乎寻常的果断。他们总有一种错觉，似乎一个绝佳的、可以叫自己打一个翻身仗的机会就在眼前。

不难看出来，这些行为都是畏惧心理所激发起来的本能反应，不是凭着理智三言两语、轻描淡写地劝解，就能够轻而易举改变现状的。我们知道，每个人的心智结构都是理智与情感两个部分组成的。当一个操盘手总是没有本质的突破、业绩始终摇摆不定、账面日渐亏损的时候，情感就会与理智不那么协调、合拍。情感就开始对理智所做的决定，表示出极大的不信任与怀疑。一旦陷入这种局面，一个恶性循环的宿命就会就此展开：不自信导致交易屡屡失误，账面的恶化又导致更加的不自信。

不要低估情绪的力量

在理智与激情争斗的时候，理智通常总会甘拜下风。有关于这一点，早在16世纪，荷兰的人文主义学者伊拉斯谟就曾经描述过："众神之王朱庇特赋予人们的激情多于理智——两者的比例大概是24:1。为了制衡理智的单极力量，他扶植了两个暴君：愤怒和贪婪。理智与这两股联合力量对抗的胜算如何，看看人们在日常生活中的表现就一清二楚了。理智只好使出了最后一个招数，不断强调道德规范，直至声音沙哑。而愤怒和贪婪则让理智见鬼，而且越来越吵闹和嚣张，直到最后理智筋疲力尽，放弃、投降。"

在这段描述当中，伊拉斯谟居然还给出了一个情感与理智的比例，这当然有些牵强。即便是在科技如此发达的今天，也还没有哪位科学家能够就两者的关系，给出一个精确的比例出来，更别说是在16世纪的荷兰了。不过有一点，他说得没错，在情绪与理智的争斗中，理智从来都很难战胜情绪。

为什么当情绪和理智相互冲突时，通常情绪总是会战胜理智？这是在亿万年的进化过程中，所形成的结果。纽约大学神经科学研究中心的专家约瑟夫·勒杜克斯(Joseph LeDoux)发现杏仁核在情绪神经中起着关键作用。情绪系统可以不依赖新皮层就能够自动地做出反应，有些情绪反应和情绪记忆，完全可以在没有任何意识和认知参与的情况下形成。这也就是说，在许多应激状态下，情绪会驱使我们在理性思维参与之前就自动地做出了决断，采取了行动。这是因为，在漫长的进化过程中，大自然不可预知的风险随时随地都有可能给人类带来致命的危险，为了求生存，人类发展出许多不需要经过思考就能自动反应的机制，这样就可以有效地节约时间。也许，就只是这么微乎其微的一点点时间，有时候就能够挽救一个人的生命。

在紧急状态之下，求生存的本能反应，固然具有高效率的优点。但是它也有一个很大的缺点，就是它发出的紧急信息往往是草率的。这种没有经过理智过滤的反应，往往会根据当下的情况与以往的经历似曾相识，有几分模糊的相似，就迫不及待地给机体下达了行动的指令。

我们必须正视这一点：正确地估计情绪的力量。既然理智根本没有办法战胜情绪，我们是不是就只好束手就擒了？当然不是，正视情绪的危害，才能更好地避其锋芒，免受其害。为此，在做交易的时候，我们就要时时刻刻对自己的情绪、心态检视一番，发现苗头不对，就要在情绪与理智的博弈到达平衡点之前，及时暂停或终止交易。

余热效应引发情绪变化

一个老到的操盘手经过长时间的磨炼，逐渐会对一两单交易的亏损与盈利处之泰然，也就是说，他们的心态慢慢地会变得钝化起来，情绪不再会那么敏感。他们已经学会了从整体的、更大范围的交易规模来衡量业绩的好坏。

对于一个新手来说，眼光往往不会放得那么长远，心态也很难始终保持平和。他们当中的大部分人，往往几笔交易下来，就足以引起心理、情绪上的剧烈波动。如果前面几笔交易盈利了，他们的情绪立时就会变得轻松愉悦起来；反之，如果最近几笔交易都是亏损的，他们的情绪又会马上变得紧张悲观起来。我把这个称之为"余热效应"。

以下这张示意图，大致反映了情绪会随着交易结果的不同而发生什么样的变化。在这张图中，"0"值表示心态平和，"0"值以上的区域表示轻松的心境，以下的区域表示紧张的心境。适度的轻松和紧张，都是安全的，超过一定的限度就会变得很危险，就需要引起操盘手的重视了。

小幅盈利：做交易的时候，起初多少总会有一些紧张，此时的心态比不

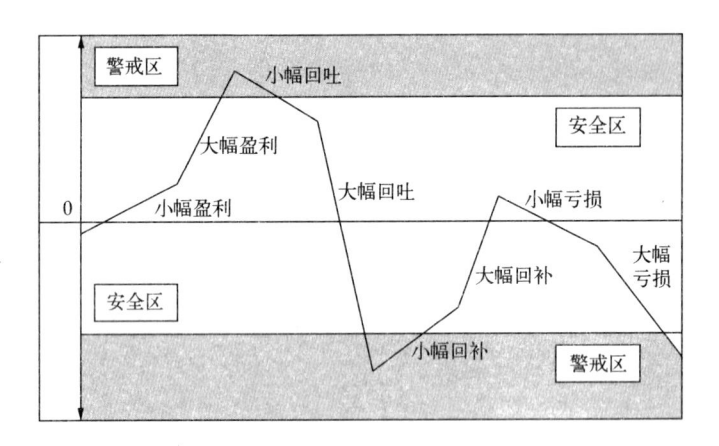

交易结果导致的心理变化示意图

偏不倚的"0"值略微低落一些，这应该是心理状态比较正常的起始位置。当小幅盈利之后，拘谨的情绪会放松一些，心理状态的分值会缓慢地升高到"0"值以上的位置。

大幅盈利：当一两笔交易做得比较漂亮，或者累积小幅盈利达到一定程度的时候，紧张的情绪会变得松弛下来。这时候，自信心如同下锅的油条，蓬蓬勃勃地鼓胀了起来。自信心的增强，这当然是件好事情，但过犹不及，达到一定的程度就暗藏着危险了，就容易犯下鲁莽、冒进的错误。

小幅回吐：当操盘手头脑发热的时候，恰逢其时地来一个小幅的损失，未必是件坏事。这就好像在炎热的夏天，一颗冰凉的水珠滴到了额头，使人懈怠的精神为之一振。小的损失一方面无关大局，另一方面又起到了给操盘手提个醒的作用。这会促使操盘手变得更加专注起来。

大幅回落：辛辛苦苦积累的盈利，由于一时不慎，把大部分的利润都回吐了出去，甚至反而变成亏损，这时候操盘手的情绪必然会受到巨大的冲击。这样的挫折，甚至要比直接亏上一大笔，还要叫人愤恨不平。这足以激发一个操盘手内在的愤怒，随之产生急于复仇的冲动。既然有了这样的念头，此时的心态也就自然滑到了下面的警戒区。

小幅亏损：无伤大局的小幅损失，虽然会使敏感的情绪，进一步地拘谨起来，但只要没有超出一定的范围，还是安全的。

大幅亏损：当小幅亏损逐渐积累，或者一两笔就亏大了，心态就会变得越来越糟。超过一定的范围，就会迅速地滑向警戒区。这时候，肾上腺素会急剧增多，心理开始暗自有些发虚。发生错误的概率也会陡然增加。这个时候，会由于操盘手个性的不同，而表现出很大的差异。

小幅回补：当有了大幅亏损时，适时地有了一些盈利，无疑会像黑夜之中透露出的一线光芒一样，给人以温暖和希望的感觉。小幅回补也许于事无补，但给操盘手心理带来的慰藉却非同凡响。这会让操盘手感觉好过一些，心里紧张的情绪也可以稍事缓解。毕竟自己还有能力赚钱，而并非一无是处。

大幅回补：犹如坐过山车一样的历险，曾经跌落到谷底而今又重新爬了上来，紧张的情绪得以彻底释放，终于可以长长地舒口气了。这个时候的心理状态，会马上回到安全区，甚至比初始时候的心境还要好一些，因为劫后余生的喜悦感，往往叫人倍加难忘。

随着交易结果的不同，交易新手大致都会经历以上的种种心理波动。不过由于每个人生活的背景、个性气质的不同，表现出来的程度也不尽相同。盈亏之间常常就是一念之差的距离。要想取得稳定的业绩，一个操盘手对于种种心态，事先要有一个正确的估计，随时随地予以检视。心态转阴的时候，有可以控制的、有不可以控制的情形。当情绪处于失控边缘的时候，最好选择回避，或者停下来休整休整，或者干脆就停止一天的交易。千万不能任由情绪泛滥下去，那样势必会使自己置于异常危险的境地。

种种不和谐的噪音

除了余热效应会引起操盘手心态的变化，在交易当中还有许多其他的坏心态，也会时不时地冒出头来。这些情绪都很微弱，有时候甚至叫人难以觉察，不过是心态之中的一些尘埃而已，但其潜在的破坏作用却不能低估，同样需要加以警惕。这些心态有以下几种：

锚定效应：当浮盈曾经达到了某个水平的时候，或者一波行情曾经到达过某个点位的时候，都会使操盘手对这些部位格外地看重，尽管形势已经发生了明显的变化，依然还是痴心不改，对这些点位念念不忘，产生不尽合理的心理预期。比如说，某天交易当中，一个操盘手的账面利润曾经达到过一万元，随后他又回吐出去一些，只剩下八千多了。这种获利回吐的感觉，会让他很不舒服。尽管这时候他已经身心疲惫了，然而他通常还是会千方百计地想着再一次恢复到一万元的水平，然后再离场休息。这种效应也会发生在具体的某一笔交易当中，比如在操盘手进场之后，行情曾经到达过某一高点，这使得他的浮盈颇为可观，也增加了他的心理预期，可是行情不久又返头回落。如果这时候，他没能及时止盈出局，那么他就也可能再等等、再看看，一心想着行情再次回到那个高点，再行出局。显而易见，这两种情况都自觉不自觉地掺杂了额外的、主观的感情因素，这就有可能招来更大的损失，使操盘手的心态感觉更加失落、更加不平衡。

完美主义：要么得到全部，要么就什么都不要。有许多操盘手都会滋生完美主义的交易倾向。这种倾向会有种种表现。有时候，他们思谋着在某个点位进去，在那个点位到来的时候由于种种原因，他们没能进去，尽管还可以选择追单进去，可是他们再也没有那个兴致了。还有时候，他们一定要等到，行情回落到某个位置才肯进去，行情如果到附近又返头了，他们还是死搬教条地等待着，直到彻底错过行情才又后悔起来。更有的时候，已经有了颇为可观的浮盈，他们还是一定要赚够到一定的数目以上才肯出来，根本无视行情的客观实际。

凑数心理：某些整数常常给人以里程碑似的意义，有时候操盘手也会有想要凑一个整数的心理。比如：一个操盘手赚了九千多元，距离一万只有几百元了。这时候，尽管他已经不在状态了，但是他想着，如果突破一个整数，岂不是好？这是一个踮踮脚尖，就可以够着的目标。既然这样，那就接着再做几笔交易吧，如果一举突破了，就可以完美收工了。但总有这几笔并不一定对的时候，也就是说，这下子距离一万更远了一些。这样一来，他就更不甘心了，通常还会再接着冲击下去。最终，也许就是因为这区区的几百元的缘故，结果反而倒吐出去两三千元，甚至一败涂地。那么遇到这种情形，就不要尝试了吗？当然也没必要那么谨慎，不过尝试归尝试，要懂得适可而止，最好事不过三。

设立目标：一些自我驱动力很强的操盘手，往往会给自己设定一个盈利目标，每天要赚多少，一个月要赚多少等等。这是一个很不好的习惯，因为目标不管是大是小，都一样会给自己造成一种无形的紧迫感。从而使操盘手在做交易的时候，自觉不自觉地带上主观色彩，以致犯下鲁莽的错误。俗话说得好，无欲则刚。盈利的多少，这完全要看行情的走势而定，是一件可遇不可求的事情。在任何时候，操盘手都应该把注意力的焦点，放在整个操作过程的各个环节上面。每个环节都做得无可挑剔，最终的结果必然是好的。相反，生硬地给自己设立一个目标，就会有意无意地把焦点对准到最终的结果上。这样在行情不配合的时候，就会有点勉为其难、力不从心。

过度总结：总结经验、吸取教训，这种孜孜不倦的探索精神，原本是一种可贵品质。具体到交易的世界中，却未必是一件好事情。这样往往容易形成思维定式，养成"先入为主"的毛病。如此一来，也许你的确不再会犯以前的某种错误了，不过却有可能矫枉过正，又犯下了其他的错误。也就是，改正"左倾"错误过了火，以致"右倾"的错误又冒出了头来。

量出为入：有时候，在操盘手亏损比较巨大的情况下，还会滋生一种企图想在某一笔交易中大赚的心理倾向。主要表现在，有了盈利也不想出来，一直期望行情能有一个十分显著的盈利，以便于自己可以一举将损失弥补回来。结果往往错过了最佳止盈时机，白白地兜了一圈，甚至还有可能不赚反亏。

保本效应：在许多时候，行情并不尽如人意。也就是说，在操盘手买进去之后，行情并没有很好地上涨；卖出去之后，行情并没有很好地下跌。这并非一个好的进场时机，这一点就连操盘手自己也意识到了。最明智的选择还是先行出来为好，尽管许多操盘手也是这么想的，可是通常他们并不会马上就予以了解。有许多人会想着，至少要赚够手续费再出来。就是这样，他们额外地加进去了自己的小小愿望。有时候，就是这么一点点的念想，却使操盘手不知不觉亏大了。

不难看出，以上列举的种种坏习惯，都有一个共同特点：这就是无视行情的客观实际，额外地掺杂进去一些主观的愿望和情绪。这无疑是一种"削足适履"的行为，特立独行的走势又岂会买账？这就增加了潜在的危险性，一定要慎重对待，莫以恶小而为之！

自信心的培养

心有多大，舞台就有多大。这句话用在期货交易上，也很贴切。不过，此心非彼心，这里的"心"并不是说，野心有多大、赚钱的愿望有多迫切，就可以赚多少钱。这里的"心"是特指对于交易整体感觉有把握的自信心，这不是其他方面的自信可以随便代替的。这种自信是一种十分美妙的感觉，一旦拥有，可以让一个操盘手感到自在满足、精力充沛、情绪平稳、心无旁骛，同时充满了灵感与创造力。有了这种感觉，操盘手在做单时，不仅不会感到丝毫的压力，更不会有任何方面的畏惧，反而会有一种游刃有余、驾轻就熟的成就感，使得原本充满艰辛与挫折的交易过程变成了一种完全的享受。这种自信心，并不是一个操盘手想有就能有的。有关这一点，操盘手自己是心知肚明的，这是既欺骗不了别人，也欺骗不了自己的。

到底是鸡生蛋，还是蛋生鸡？类似的命题也可以延伸到自信心与业绩的关系上，到底是十足的自信心催生了良好的业绩，还是良好的业绩涵养了十足的自信心？事实上，这两者之间是共同进退、相辅相成、互为因果的关系。如果光有十足的自信心，而没有业绩的支撑，这种自信心也是虚的、掺了水分的、难以持久的、不被潜意识所认可的。反之，有了良好的业绩，自信心反而不强，这也是不可想象的。自信心是内在的动力，业绩是外在的表现。

自信心有多强大，业绩也就会有多优异，反之亦然。

那么怎样才能知道操盘手的自信心强不强呢？一个操盘手也许骨子里已经心虚了，可是外表还表现得很自信。自信心的实质是看不见、摸不着，只能自己感觉得到。但是业绩却是可以看得见的、实有的痕迹。既然如此，我们完全可以用业绩水平的高低，作为衡量自信心实际水平的一把标尺。有了这把标尺，自信心的实际水平也就变成了可以大略度量的了。

积累业绩的过程，实际上大略等同于培养自信心的过程。业绩的累积不能操之过急，同样自信心的培养，也需要一个循序渐进的过程。为此，操盘手实战之初，务必要脚踏实地，不可妄想一夜暴富。尽管操盘手已经掌握了正确的交易理念，不过在自信心还没有充分强大起来之前，通常还是很难稳定盈利的。因为相信什么是一回事，在具体交易的时候又是另外一回事，不能指望奇迹会立竿见影地发生。潜意识具有顽固的力量，并不会因为理智相信什么理念，就会马上做出相应的调整。它一定要等到相应的理念，带来了切实的好处之后，才会慢慢地做出一些改变。具体到期货交易，操盘手只有在正确理念的引导之下，持续、稳定地带来了业绩的彻底改观，潜意识的防卫机制才会最后做出根本性的调整。也就是说，操盘手要给潜意识一些适应的时间，要拿出实际的业绩证明给它看。

在涵养信心的过程中，要努力学着把交易变成一种享受。为此，当取得了一定业绩的时候，要对自己多加鼓励。亏损、犯错误的时候，反而要对自己宽容，千万不要耿耿于怀，更不能苛责自己。犯了错误，认识到，提醒自己下次注意也就可以了。即使是批评自己，也要就事论事，不要给一件简单的错误赋予任何象征性的意义。一件错误就是一件错误，并不具有非生即死的意义。过去的事情，已然过去。总放不下，难免会影响情绪，这是其一。更糟糕的是，这种念念不忘的行为，无异于在给自己强烈的心理暗示："你总是屡教不改！你是个笨蛋！你无可救药了！你想盈利纯属痴心妄想！"这样，不仅于事无补，反而会起到一些副作用，无形中强化一些坏毛病。

要想把交易变成一种乐趣，还要做到劳逸结合，不能一天到晚把自己约束得紧紧的。刻苦用功是件好事，但过犹不及。过于沉迷一件事情，实际上就是放不开，这会给自己造成无尽的压力，就会把一件好事情变成一桩苦差事，这样反而不利于水平的正常发挥。因此，在收盘之后，操盘手要尽量把心里的负担放下。生活方面尽量安排得丰富多彩一些，要让自己尽可能地过得愉快一些。工作的时候，专心地工作；休息的时候，则要尽量地放松。

后　记

目前，做超短线交易的投资者一定已经为数不少了。否则，中国金融期货交易所也不会在2010年8月间下达一纸通知，限制每个账户的下单次数。奇怪的是，市面上尽管介绍技术分析方面的书籍可谓汗牛充栋，却难得一见介绍超短线交易的书籍，难道这些操盘手都是一些处事低调的人？或是出于一种敝帚自珍的心理，不愿意将这方面的信息透露给别人？

当笔者说要写这样一本书的时候，我们的一些操盘手马上就表示了反对，还是不要吧！你把这些都透露出去了，我们还有什么优势呢？要是你非要写，最好也等我们赚够了一大笔钱之后再去出版。我的回答是：不至于！知道一件事情和能够做到一件事情，完全是两码事。一个操盘手的业绩取决于他的心态，而不是外在的什么东西。一个人的良好心态是别人既学不会也偷不走的。就这样，我义无反顾地坚持把这本书写了出来。

对于任何问题，都要多交流、多探讨，才会有进步。孔夫子说得好："三人行，必有我师。"对这句话，我是深有感触的。在做培训的时候，如果不是经常性地跟操盘手聊天，在对话中相互启发，也许这本书里的许多命题，至今也不会被明确地提出来。

读到这本书的朋友，我也希望能与您做深入的探讨，以便有益于我们双方。有兴趣的朋友，请把您的一些想法发到705632951@qq.com里面。

最后祝您操盘顺利，财运兴隆！

2011年12月22日

附录一

一个快枪手的成交记录

序号	合约	买卖	开平	挂单状态	报单价格	报单	成交	成交均价	总盈亏	报单时间
1	IF1106	卖	开仓	已撤单	2925.4	2	0	—		9:53:11
2	IF1106	卖	开仓	已撤单	2925	2	0	—		9:53:12
3	IF1106	卖	开仓	全部成交	2924	2	2	2924		9:53:17
4	IF1106	买	平仓	已撤单	2924	2	0	—		9:53:24
5	IF1106	买	平仓	全部成交	2924.2	2	2	2924.2	-3.6	9:53:25
6	IF1106	买	开仓	全部成交	2926.2	2	2	2926.2		9:53:48
7	IF1106	买	开仓	全部成交	2926.4	2	2	2926.4		9:53:50
8	IF1106	卖	平仓	全部成交	2927.8	4	4	2927.8	6	9:53:58
9	IF1106	卖	开仓	全部成交	2931	2	2	2931		9:54:11
10	IF1106	买	平仓	全部成交	2930	2	2	2930	2	9:54:12
11	IF1106	卖	开仓	全部成交	2928.8	2	2	2928.8		9:54:59
12	IF1106	买	平仓	全部成交	2927.4	2	2	2927.2	2.8	9:55:09
13	IF1106	卖	开仓	全部成交	2930	2	2	2930		9:56:24
14	IF1106	买	平仓	全部成交	2930	2	2	2930	0	9:56:26
15	IF1106	买	开仓	全部成交	2930.2	2	2	2930.2		9:56:56
16	IF1106	卖	平仓	全部成交	2929.8	2	2	2929.8	-0.8	9:57:01
17	IF1106	卖	开仓	全部成交	2930	2	2	2930		9:57:02
18	IF1106	买	平仓	全部成交	2929.4	2	2	2929.4	1.2	9:57:07
19	IF1106	卖	开仓	全部成交	2929	2	2	2929		9:58:05
20	IF1106	买	平仓	全部成交	2928.4	2	2	2928.4	1.2	9:58:14
21	IF1106	买	开仓	全部成交	2928.4	2	2	2928.4		9:58:52
22	IF1106	卖	平仓	全部成交	2929.6	2	2	2929.6	2.4	9:59:11
23	IF1106	买	开仓	全部成交	2930	2	2	2930		10:00:01
24	IF1106	卖	平仓	全部成交	2930.8	2	2	2930.9	1.6	10:00:05
25	IF1106	买	开仓	全部成交	2930.2	2	2	2930.2		10:00:15
26	IF1106	卖	平仓	已撤单	2930.4	2	0	—		10:00:26
27	IF1106	卖	平仓	全部成交	2930	2	2	2930	-0.4	10:00:28
28	IF1106	卖	开仓	全部成交	2930	2	2	2930		10:00:29

续表

序号	合约	买卖	开平	挂单状态	报单价格	报单	成交	成交均价	总盈亏	报单时间
29	IF1106	买	平仓	全部成交	2929.6	2	2	2929.6	0.8	10:00:43
30	IF1106	卖	开仓	全部成交	2930	2	2	2930		10:01:03
31	IF1106	买	平仓	全部成交	2930.2	2	2	2930.2	-0.4	10:01:10
32	IF1106	卖	开仓	全部成交	2930.2	2	2	2930.2		10:01:10
33	IF1106	卖	平仓	已撤单	2930	2	0	-		10:01:19
34	IF1106	卖	平仓	全部成交	2929.4	2	2	2929.4	-1.6	10:01:29
35	IF1106	买	开仓	全部成交	2930.4	2	2	2930.4		10:02:13
36	IF1106	卖	平仓	已撤单	2930.4	2	0	-		10:02:23
37	IF1106	卖	平仓	已撤余单	2934	2	1	2934	3.6	10:02:45
38	IF1106	卖	平仓	全部成交	2933.2	1	1	2933.2	2.8	10:02:57
39	IF1106	买	开仓	全部成交	2932.2	2	2	2932.2		10:03:16
40	IF1106	卖	平仓	全部成交	2932.8	2	2	2932.8	1.2	10:03:21
41	IF1106	买	开仓	全部成交	2932.8	2	2	2932.8		10:03:28
42	IF1106	卖	平仓	全部成交	2932.6	2	2	2932.6	-0.4	10:03:31
43	IF1106	买	开仓	全部成交	2932.4	2	2	2932.4		10:03:38
44	IF1106	卖	平仓	全部成交	2932.2	2	2	2932.2	-0.4	10:03:56
45	IF1106	卖	开仓	全部成交	2932.2	2	2	2932.2		10:03:56
46	IF1106	买	平仓	全部成交	2931.4	2	2	2931.4	1.6	10:04:05
47	IF1106	买	开仓	全部成交	2931.2	2	2	2931.2		10:05:31
48	IF1106	卖	平仓	全部成交	2930.8	2	2	2930.8	-0.8	10:05:36
49	IF1106	买	开仓	全部成交	2931.2	2	2	2931.2		10:05:52
50	IF1106	卖	平仓	已撤余单	2930.8	2	1	2930.8	-0.4	10:05:57
51	IF1106	卖	平仓	已撤单	2930.6	1	0	-		10:05:58
52	IF1106	卖	平仓	全部成交	2929.6	1	1	2929.6	-1.6	10:06:15
53	IF1106	买	开仓	全部成交	2930.2	2	2	2930.2		10:07:00
54	IF1106	卖	平仓	已撤单	2929.4	2	0	-		10:07:09
55	IF1106	卖	平仓	全部成交	2929	2	2	2929	-1.6	10:07:10
56	IF1106	买	开仓	已撤余单	2929.2	3	1	2929.2		10:07:19
57	IF1106	卖	平仓	已撤单	2929.4	1	0	-		10:07:54

续表

序号	合约	买卖	开平	挂单状态	报单价格	报单	成交	成交均价	总盈亏	报单时间
58	IF1106	卖	平仓	全部成交	2929.2	1	1	2929.2	0	10:08:08
59	IF1106	买	开仓	全部成交	2928.4	2	2	2928.4		10:08:23
60	IF1106	卖	平仓	已撤单	2928.6	2	0	—		10:08:29
61	IF1106	卖	平仓	全部成交	2928	2	2	2928	-0.8	10:08:31
62	IF1106	买	开仓	全部成交	2928.2	2	2	2928.2		10:08:35
63	IF1106	卖	平仓	全部成交	2927.2	2	2	2927.2	-2	10:09:03
64	IF1106	买	开仓	全部成交	2927.2	3	3	2927.2		10:09:15
65	IF1106	卖	平仓	全部成交	2927.8	3	3	2927.8	1.8	10:09:32
66	IF1106	买	开仓	全部成交	2927.4	3	3	2927.4		10:10:35
67	IF1106	卖	平仓	已撤单	2926.8	3	0	—		10:10:48
68	IF1106	卖	平仓	全部成交	2927.2	3	3	2927.2	-0.6	10:11:12
69	IF1106	买	开仓	全部成交	2926.4	3	3	2926.4		10:11:55
70	IF1106	买	平仓	全部成交	2926.2	3	3	2926	1.2	10:11:59
71	IF1106	卖	开仓	已撤余单	2926.4	3	2	2926.5		10:13:41
72	IF1106	买	平仓	全部成交	2926.6	2	2	2926.6	-0.2	10:13:44
73	IF1106	卖	开仓	全部成交	2926	3	3	2926.2		10:14:02
74	IF1106	买	平仓	全部成交	2924.8	3	3	2924.8	4.2	10:14:10
75	IF1106	卖	开仓	全部成交	2924.4	3	3	2924.4		10:14:21
76	IF1106	买	平仓	已撤单	2924.2	3	0	—		10:14:24
77	IF1106	买	平仓	已撤单	2924.8	3	0	—		10:14:26
78	IF1106	买	平仓	已撤余单	2925.8	3	1	2925.8	-1.4	10:14:29
79	IF1106	买	平仓	已撤单	2926.4	2	0	—		10:14:41
80	IF1106	买	平仓	全部成交	2927	2	2	2927	5.2	10:14:44
81	IF1106	卖	开仓	全部成交	2924.6	3	3	2924.6		10:15:22
82	IF1106	买	平仓	已撤单	2923.2	2	0	—		10:15:28
83	IF1106	买	平仓	全部成交	2924	3	3	2924	1.8	10:15:32
84	IF1106	卖	开仓	全部成交	2923	2	2	2923		10:15:48
85	IF1106	买	平仓	全部成交	2921.6	2	2	2921.4	3.2	10:15:54
86	IF1106	买	开仓	全部成交	2923	2	2	2923		10:16:06
87	IF1106	卖	平仓	已撤单	2924.2	2	0	—		10:16:08

续表

序号	合约	买卖	开平	挂单状态	报单价格	报单	成交	成交均价	总盈亏	报单时间
88	IF1106	卖	平仓	全部成交	2923.8	2	2	2923.8	1.6	10:16:11
89	IF1106	卖	开仓	全部成交	2922.8	2	2	2922.9		10:16:18
90	IF1106	买	平仓	全部成交	2920.2	2	2	2920.2	5.4	10:16:31
91	IF1106	买	开仓	已撤单	2920.2	2	0	-		10:16:42
92	IF1106	买	开仓	全部成交	2920.8	2	2	2920.8		10:16:47
93	IF1106	卖	平仓	全部成交	2920.8	2	2	2920.8	0	10:16:54
94	IF1106	买	开仓	全部成交	2921	2	2	2921		10:17:00
95	IF1106	卖	平仓	全部成交	2921.8	2	2	2921.8	1.6	10:17:02
96	IF1106	买	开仓	已撤单	2923.6	2	0	-		10:18:14
97	IF1106	买	开仓	全部成交	2924	2	2	2924		10:18:16
98	IF1106	卖	平仓	全部成交	2924.6	2	2	2924.6	1.2	10:18:22
99	IF1106	卖	开仓	全部成交	2923.8	2	2	2923.8		10:18:28
100	IF1106	买	平仓	全部成交	2922.8	2	2	2922.8	2	10:18:53
101	IF1106	买	开仓	全部成交	2927	2	2	2926.8		10:21:16
102	IF1106	卖	平仓	全部成交	2927.4	2	2	2927.4	1.2	10:21:23
103	IF1106	买	开仓	全部成交	2927.8	2	2	2927.8		10:21:35
104	IF1106	卖	平仓	全部成交	2929.6	2	2	2929.8	4	10:21:42
105	IF1106	卖	开仓	全部成交	2929.8	2	2	2929.8		10:21:50
106	IF1106	买	平仓	全部成交	2929	2	2	2929	1.6	10:21:58
107	IF1106	买	开仓	全部成交	2929	2	2	2929		10:22:20
108	IF1106	卖	平仓	全部成交	2928.8	2	2	2928.8	-0.4	10:22:29
109	IF1106	买	开仓	全部成交	2928.6	2	2	2928.6		10:25:13
110	IF1106	卖	平仓	全部成交	2929.6	2	2	2929.6	2	10:25:19
111	IF1106	买	开仓	全部成交	2930.2	2	2	2930.2		10:25:24
112	IF1106	卖	平仓	全部成交	2930.8	2	2	2930.8	1.2	10:25:26
113	IF1106	买	开仓	全部成交	2930.8	2	2	2930.8		10:25:31
114	IF1106	卖	平仓	全部成交	2931.8	2	2	2931.8	2	10:25:39
115	IF1106	卖	开仓	全部成交	2931	2	2	2931		10:26:06
116	IF1106	买	平仓	全部成交	2930.8	2	2	2930.6	0.8	10:26:15
117	IF1106	买	开仓	全部成交	2931.4	2	2	2931.4		10:26:33

续表

序号	合约	买卖	开平	挂单状态	报单价格	报单	成交	成交均价	总盈亏	报单时间
118	IF1106	卖	平仓	已撤单	2932.8	2	0	-		10:26:37
119	IF1106	卖	平仓	全部成交	2932.4	2	2	2932.4	2	10:26:39
120	IF1106	买	开仓	全部成交	2933	2	2	2933		10:26:42
121	IF1106	卖	平仓	全部成交	2934.8	2	2	2934.8	3.6	10:26:51
122	IF1106	卖	开仓	全部成交	2935.4	2	2	2935.4		10:26:58
123	IF1106	买	平仓	全部成交	2934.2	2	2	2934	4.8	10:27:04
124	IF1106	卖	开仓	已撤余单	2933.4	2	1	2933.4		10:29:26
125	IF1106	买	平仓	全部成交	2932.2	1	1	2932.2	1.2	10:29:39
126	IF1106	买	开仓	已撤余单	2932.4	2	1	2932.4		10:30:23
127	IF1106	卖	平仓	全部成交	2933.2	1	1	2933.2	0.8	10:30:31
128	IF1106	买	开仓	全部成交	2931.4	2	2	2931.4		10:31:32
129	IF1106	卖	平仓	全部成交	2931.4	2	2	2931.4	0	10:31:39
130	IF1106	买	开仓	全部成交	2931.4	2	2	2931.4		10:31:51
131	IF1106	卖	平仓	全部成交	2932.8	2	2	2932.9	3	10:32:22
132	IF1106	买	开仓	全部成交	2932.8	2	2	2932.8		10:34:10
133	IF1106	买	开仓	已撤单	2933.2	2	0	-		10:34:14
134	IF1106	卖	平仓	已撤余单	2933.6	2	1	2933.6	0.8	10:34:20
135	IF1106	卖	平仓	全部成交	2933.2	1	1	2933.2	0.4	10:34:25
136	IF1106	买	开仓	已撤余单	2932.8	2	1	2932.8		10:34:50
137	IF1106	买	平仓	全部成交	2933	1	1	2933	-0.4	10:34:54
138	IF1106	买	开仓	全部成交	2933.6	2	2	2933.6		10:35:01
139	IF1106	买	开仓	全部成交	2933.8	2	2	2933.8		10:35:02
140	IF1106	卖	平仓	全部成交	2934.6	4	4	2934.6	3.6	10:35:15
141	IF1106	买	开仓	全部成交	2935	2	2	2935		10:35:22
142	IF1106	卖	平仓	已撤单	2934.4	2	0	-		10:35:26
143	IF1106	卖	平仓	已撤单	2934.2	2	0	-		10:35:27
144	IF1106	卖	开仓	已撤单	2933.2	2	0	-		10:35:38
145	IF1106	卖	平仓	全部成交	2933.4	2	2	2933.4	-3.2	10:35:38
146	IF1106	卖	开仓	全部成交	2931.2	2	2	2931.2		10:36:06
147	IF1106	买	平仓	全部成交	2930.6	2	2	2930.6	1.2	10:36:09

续表

序号	合约	买卖	开平	挂单状态	报单价格	报单	成交	成交均价	总盈亏	报单时间
148	IF1106	卖	开仓	全部成交	2930	2	2	2930		10:36:16
149	IF1106	买	平仓	全部成交	2929.4	2	2	2929.4	1.2	10:36:19
150	IF1106	卖	开仓	已撤单	2929.8	2	0	—		10:37:24
151	IF1106	卖	开仓	全部成交	2929.2	2	2	2929.2		10:37:26
152	IF1106	卖	开仓	已撤单	2929.4	2	0	—		10:37:26
153	IF1106	买	平仓	全部成交	2929.6	2	2	2929.6	-0.8	10:37:31
154	IF1106	卖	开仓	全部成交	2929.4	2	2	2929.4		10:37:41
155	IF1106	买	平仓	全部成交	2928.6	2	2	2928.6	1.2	10:37:48
156	IF1106	卖	开仓	已撤单	2929.4	2	0	—		10:38:15
157	IF1106	卖	开仓	全部成交	2929	2	2	2929		10:38:36
158	IF1106	买	平仓	全部成交	2929.4	2	2	2929.4	0.8	10:38:41
159	IF1106	卖	开仓	全部成交	2929.2	2	2	2929.2		10:38:46
160	IF1106	买	平仓	已撤单	2929.2	2	0	—		10:39:02
161	IF1106	买	平仓	全部成交	2929.6	2	2	2929.6	0.8	10:39:03
162	IF1106	买	开仓	全部成交	2929.8	2	2	2929.8		10:39:04
163	IF1106	卖	平仓	全部成交	2931	2	2	2931	2.4	10:39:11
164	IF1106	卖	开仓	全部成交	2929.6	2	2	2929.6		10:39:36
165	IF1106	买	平仓	已撤单	2930	2	0	—		10:39:44
166	IF1106	买	平仓	全部成交	2930.2	2	2	2930.2	-1.2	10:40:04
167	IF1106	卖	开仓	全部成交	2931.4	2	2	2931.4		10:41:02
168	IF1106	买	平仓	全部成交	2929.8	2	2	2929.8	3.2	10:41:16
169	IF1106	卖	开仓	全部成交	2929.2	2	2	2929.2		10:41:20
170	IF1106	买	平仓	全部成交	2929.2	2	2	2929.2	0	10:41:24
171	IF1106	卖	开仓	全部成交	2929	2	2	2929		10:42:08
172	IF1106	买	平仓	全部成交	2928.6	2	2	2928.6	0.8	10:42:11
173	IF1106	卖	开仓	全部成交	2931.8	2	2	2931.8		10:43:04
174	IF1106	卖	开仓	全部成交	2932.8	2	2	2932.8	2	10:43:06
175	IF1106	买	开仓	已撤单	2933.4	2	0	—		10:43:18
176	IF1106	买	开仓	全部成交	2934.2	2	2	2934.2		10:43:19
177	IF1106	买	开仓	已撤单	2933.8	2	0	—		10:43:19

续表

序号	合约	买卖	开平	挂单状态	报单价格	报单	成交	成交均价	总盈亏	报单时间
178	IF1106	卖	平仓	全部成交	2935.4	2	2	2935.4	2.4	10:43:21
179	IF1106	买	开仓	已撤单	2938.4	2	0	—		10:43:34
180	IF1106	买	开仓	全部成交	2939.2	2	2	2938.9		10:43:35
181	IF1106	卖	平仓	全部成交	2939.8	2	2	2939.8	1.8	10:43:38
182	IF1106	卖	开仓	全部成交	2938	2	2	2938		10:43:46
183	IF1106	买	平仓	全部成交	2936.6	2	2	2936.6	2.8	10:43:53
184	IF1106	买	开仓	全部成交	2937.4	2	2	2937.4		10:44:16
185	IF1106	卖	平仓	已撤单	2937.8	2	0	—		10:44:22
186	IF1106	卖	平仓	已撤单	2937.2	2	0	—		10:44:23
187	IF1106	卖	平仓	全部成交	2937	2	2	2937	-0.8	10:44:25
188	IF1106	买	开仓	已撤单	2937.8	2	0	—		10:45:01
189	IF1106	买	开仓	全部成交	2938	2	2	2938		10:45:02
190	IF1106	卖	平仓	全部成交	2938.6	2	2	2938.6	1.2	10:45:06
191	IF1106	卖	开仓	全部成交	2940	2	2	2940.2		10:45:17
192	IF1106	买	平仓	全部成交	2939.2	2	2	2939.2	1.6	10:45:23
193	IF1106	卖	开仓	全部成交	2938.6	2	2	2938.6		10:45:31
194	IF1106	买	平仓	全部成交	2938.4	2	2	2938.4		10:45:37
195	IF1106	卖	开仓	全部成交	2938.4	2	2	2938.4		10:45:42
196	IF1106	买	平仓	全部成交	2938	2	2	2938		10:46:18
197	IF1106	卖	开仓	全部成交	2938.4	2	2	2938.4		10:46:52
198	IF1106	买	平仓	全部成交	2937.4	2	2	2937.4		10:47:26
199	IF1106	卖	开仓	全部成交	2937	2	2	2937		10:47:31
200	IF1106	买	平仓	全部成交	2937.2	2	2	2937.1		10:47:35
201	IF1106	买	开仓	已撤单	2937.6	2	0	—		10:50:02
202	IF1106	卖	开仓	全部成交	2937.8	2	2	2937.8		10:50:16
203	IF1106	买	平仓	全部成交	2937	2	2	2937		10:50:43
204	IF1106	卖	开仓	已撤单	2937.4	2	0	—		10:51:12
205	IF1106	买	开仓	已撤单	2937.6	2	0	—		10:51:39
206	IF1106	买	开仓	全部成交	2938	2	2	2938		10:51:51
207	IF1106	卖	平仓	全部成交	2937.6	2	2	2937.6		10:52:13

续表

序号	合约	买卖	开平	挂单状态	报单价格	报单	成交	成交均价	总盈亏	报单时间
208	IF1106	卖	开仓	全部成交	2937.6	2	2	2937.6		10:52:14
209	IF1106	买	平仓	已撤余单	2937.4	2	1	2937.4		10:52:29
210	IF1106	买	平仓	全部成交	2938	1	1	2938		10:52:38
211	IF1106	买	开仓	全部成交	2938.4	2	2	2938.4		10:52:50
212	IF1106	卖	平仓	全部成交	2938	2	2	2938		10:52:57
213	IF1106	买	开仓	全部成交	2937.2	2	2	2937		10:53:37
214	IF1106	卖	平仓	已撤单	2936.8	2	0	—		10:53:46
215	IF1106	卖	平仓	全部成交	2936.2	2	2	2936.2		10:53:50
216	IF1106	卖	开仓	全部成交	2936.4	2	2	2936.4		10:55:07
217	IF1106	买	平仓	全部成交	2936.2	2	2	2936.2		10:55:14
218	IF1106	买	开仓	已撤单	2938	2	0	—		10:56:11
219	IF1106	买	开仓	已撤单	2938.2	2	0	—		10:56:12
220	IF1106	买	开仓	全部成交	2938.8	2	2	2938.8		10:56:13
221	IF1106	卖	平仓	全部成交	2938.4	2	2	2938.4		10:56:24
222	IF1106	买	开仓	全部成交	2937	2	2	2937		10:58:20
223	IF1106	卖	平仓	全部成交	2936.8	2	2	2936.8		10:58:31
224	IF1106	卖	开仓	已撤单	2936.8	2	0	—		10:58:35
225	IF1106	卖	开仓	全部成交	2936.4	2	2	2936.4		10:58:36
226	IF1106	买	平仓	全部成交	2934.4	2	2	2934.4		10:58:52
227	IF1106	卖	开仓	全部成交	2934.6	2	2	2934.6		10:59:01
228	IF1106	买	平仓	全部成交	2933.2	2	2	2933.2		10:59:03
229	IF1106	买	开仓	全部成交	2932.2	2	2	2932		10:59:30
230	IF1106	卖	平仓	全部成交	2932.6	2	2	2932.6		10:59:34
231	IF1106	买	开仓	全部成交	2934.4	2	2	2934.4		11:01:21
232	IF1106	卖	平仓	全部成交	2934.2	2	2	2934.2		11:01:26
233	IF1106	卖	开仓	全部成交	2933.4	2	2	2933.4		11:02:02
234	IF1106	买	平仓	已撤单	2932.2	2	0	—		11:02:09
235	IF1106	买	平仓	全部成交	2932.6	2	2	2932.6		11:02:15
236	IF1106	卖	开仓	全部成交	2932.2	2	2	2932.2		11:03:43
237	IF1106	买	平仓	全部成交	2932.2	2	2	2932.2		11:03:49

续表

序号	合约	买卖	开平	挂单状态	报单价格	报单	成交	成交均价	总盈亏	报单时间
238	IF1106	买	开仓	全部成交	2932.8	2	2	2932.8		11:04:30
239	IF1106	卖	平仓	全部成交	2933.2	2	2	2933.2		11:04:53
240	IF1106	买	开仓	全部成交	2933	2	2	2933		11:05:06
241	IF1106	卖	平仓	全部成交	2932.8	2	2	2932.8		11:05:22
242	IF1106	卖	开仓	全部成交	2932.6	2	2	2932.6		11:05:23
243	IF1106	买	平仓	全部成交	2931.2	2	2	2931.2		11:05:28
244	IF1106	买	开仓	已撤单	2931	2	0	—		11:05:42
245	IF1106	卖	开仓	全部成交	2930.6	2	2	2930.8		11:06:09
246	IF1106	买	平仓	全部成交	2929.6	2	2	2929.6		11:06:16
247	IF1106	买	开仓	全部成交	2929.6	2	2	2929.7		11:06:31
248	IF1106	卖	平仓	全部成交	2929.6	2	2	2929.6		11:06:39
249	IF1106	买	开仓	全部成交	2930	2	2	2930		11:06:41
250	IF1106	卖	平仓	全部成交	2929.6	2	2	2929.6		11:06:51
251	IF1106	买	开仓	全部成交	2931.2	2	2	2931.2		11:08:51
252	IF1106	卖	平仓	已撤单	2931.4	2	0	—		11:09:05
253	IF1106	卖	平仓	全部成交	2930.8	2	2	2931		11:09:07
254	IF1106	卖	开仓	全部成交	2930.6	2	2	2930.6		11:09:34
255	IF1106	买	平仓	全部成交	2930.6	2	2	2930.6		11:09:39
256	IF1106	卖	开仓	全部成交	2930.4	2	2	2930.4		11:11:01
257	IF1106	买	平仓	已撤单	2930	2	0	—		11:11:06
258	IF1106	买	平仓	全部成交	2930.6	2	2	2930.6		11:11:14
259	IF1106	卖	开仓	全部成交	2930.2	2	2	2930.2		11:11:18
260	IF1106	买	平仓	全部成交	2930.4	2	2	2930.4		11:11:22
261	IF1106	买	开仓	已撤单	2931.4	2	0	—		11:12:07
262	IF1106	买	开仓	全部成交	2934	2	2	2934		11:12:37
263	IF1106	卖	平仓	全部成交	2935.2	2	2	2935.2		11:12:39
264	IF1106	卖	开仓	已撤单	2932	2	0	—		11:14:04
265	IF1106	卖	开仓	全部成交	2930.8	2	2	2930.8		11:14:11
266	IF1106	买	平仓	全部成交	2928.6	2	2	2928.6		11:14:16
267	IF1106	卖	开仓	全部成交	2928.4	2	2	2928.5		11:14:29

续表

序号	合约	买卖	开平	挂单状态	报单价格	报单	成交	成交均价	总盈亏	报单时间
268	IF1106	买	平仓	全部成交	2927.8	2	2	2927.6		11:14:32
269	IF1106	卖	开仓	全部成交	2928.4	2	2	2928.4		11:14:46
270	IF1106	买	平仓	全部成交	2927.6	2	2	2927.4		11:14:51
271	IF1106	卖	开仓	全部成交	2926.6	2	2	2926.6		11:15:02
272	IF1106	买	平仓	全部成交	2926	2	2	2926		11:15:04
273	IF1106	买	开仓	已撤余单	2924.4	2	1	2924.4		11:15:15
274	IF1106	卖	平仓	全部成交	2924.8	1	1	2924.8		11:15:23
275	IF1106	买	开仓	已撤单	2924	2	0	—		11:15:55
276	IF1106	买	开仓	已撤单	2923.2	2	0	—		11:16:12
277	IF1106	买	开仓	全部成交	2924.2	2	2	2924.2		11:16:16
278	IF1106	卖	平仓	已撤单	2925.4	2	0	—		11:16:22
279	IF1106	卖	平仓	全部成交	2924.8	2	2	2924.8		11:16:24
280	IF1106	卖	开仓	全部成交	2923.8	2	2	2923.8		11:17:00
281	IF1106	买	平仓	全部成交	2923.6	2	2	2923.6		11:17:03
282	IF1106	买	开仓	全部成交	2924	2	2	2924		11:17:05
283	IF1106	卖	平仓	全部成交	2924.4	2	2	2924.6		11:17:07
284	IF1106	买	开仓	全部成交	2924.8	2	2	2924.5		11:17:14
285	IF1106	卖	平仓	全部成交	2925	2	2	2925		11:17:20
286	IF1106	买	开仓	全部成交	2925	2	2	2925		11:19:15
287	IF1106	卖	平仓	全部成交	2924.8	2	2	2924.8		11:19:20
288	IF1106	卖	开仓	全部成交	2924.6	2	2	2924.6		11:19:23
289	IF1106	买	平仓	全部成交	2923.8	2	2	2923.8		11:19:31
290	IF1106	买	开仓	全部成交	2923.8	2	2	2923.8		11:19:54
291	IF1106	卖	平仓	全部成交	2923.8	2	2	2923.8		11:20:00
292	IF1106	买	开仓	全部成交	2923.8	2	2	2923.8		11:20:08
293	IF1106	卖	平仓	全部成交	2923.6	2	2	2923.6		11:20:12
294	IF1106	买	开仓	全部成交	2923.8	2	2	2923.8		11:20:18
295	IF1106	卖	平仓	全部成交	2924.4	2	2	2924.4		11:20:52
296	IF1106	卖	开仓	全部成交	2922.8	2	2	2922.8		11:21:37
297	IF1106	买	平仓	全部成交	2922.4	2	2	2922.4		11:21:41

续表

序号	合约	买卖	开平	挂单状态	报单价格	报单	成交	成交均价	总盈亏	报单时间
298	IF1106	卖	开仓	全部成交	2923	2	2	2923		11:22:27
299	IF1106	买	平仓	全部成交	2922.2	2	2	2922.2		11:22:31
300	IF1106	买	开仓	已撤单	2922.4	2	0	-		11:22:41
301	IF1106	卖	开仓	全部成交	2922	2	2	2922		11:22:47
302	IF1106	买	平仓	全部成交	2921.2	2	2	2921.2		11:22:51
303	IF1106	买	开仓	已撤单	2921.8	2	0	-		11:22:55
304	IF1106	买	开仓	全部成交	2925.8	2	2	2925.8		11:23:24
305	IF1106	卖	平仓	全部成交	2926	2	2	2926		11:23:27
306	IF1106	买	开仓	已撤余单	2926.8	2	1	2926.8		11:23:37
307	IF1106	卖	平仓	全部成交	2928.6	1	1	2929		11:23:40
308	IF1106	买	开仓	已撤单	2924.6	2	0	-		11:26:31
309	IF1106	卖	开仓	已撤单	2924.6	2	0	-		11:27:12
310	IF1106	卖	开仓	已撤单	2924.2	2	0	-		11:27:22
311	IF1106	卖	开仓	全部成交	2923.8	2	2	2923.8		11:27:24
312	IF1106	买	平仓	全部成交	2924	2	2	2924		11:27:41
313	IF1106	买	开仓	全部成交	2924.2	2	2	2924.2		11:28:46
314	IF1106	卖	平仓	全部成交	2925.8	2	2	2925.8		11:29:05
315	IF1106	买	开仓	全部成交	2924.2	2	2	2924		11:29:24
316	IF1106	卖	平仓	已撤余单	2924.6	2	1	2924.6		11:29:27
317	IF1106	卖	平仓	全部成交	2924.6	1	1	2924.6		11:29:37
318	IF1106	卖	开仓	已撤单	2923.4	2	0	-		13:04:07
319	IF1106	卖	开仓	全部成交	2922.8	2	2	2922.8		13:04:18
320	IF1106	买	平仓	全部成交	2923	2	2	2923		13:04:30
321	IF1106	卖	开仓	全部成交	2923.2	2	2	2923.2		13:04:33
322	IF1106	买	平仓	全部成交	2923	2	2	2923		13:04:42
323	IF1106	卖	开仓	已撤单	2925.4	2	0	-		13:07:02
324	IF1106	买	开仓	全部成交	2924	2	2	2924		13:12:23
325	IF1106	卖	平仓	已撤余单	2923.6	2	1	2923.6		13:12:46
326	IF1106	卖	平仓	全部成交	2923	1	1	2923		13:12:51
327	IF1106	买	开仓	已撤单	2924.2	2	0	-		13:13:14

续表

序号	合约	买卖	开平	挂单状态	报单价格	报单	成交	成交均价	总盈亏	报单时间
328	IF1106	买	开仓	全部成交	2924.4	2	2	2924.4		13:13:31
329	IF1106	卖	平仓	全部成交	2925.4	2	2	2925.4		13:13:47
330	IF1106	卖	开仓	全部成交	2924.6	2	2	2924.6		13:15:02
331	IF1106	买	平仓	全部成交	2924	2	2	2924		13:15:13
332	IF1106	买	开仓	全部成交	2925.6	2	2	2925.6		13:17:32
333	IF1106	卖	平仓	全部成交	2926.6	2	2	2926.6		13:17:37
334	IF1106	卖	开仓	已撤单	2928.8	2	0	—		13:17:49
335	IF1106	卖	开仓	已撤单	2928.8	2	0	—		13:19:26
336	IF1106	买	开仓	全部成交	2929.6	2	2	2929.6		13:20:08
337	IF1106	卖	平仓	已撤单	2932.4	2	0	—		13:20:18
338	IF1106	卖	平仓	全部成交	2932	2	2	2932		13:20:19
339	IF1106	卖	开仓	全部成交	2932	2	2	2932		13:20:29
340	IF1106	买	平仓	全部成交	2931.4	2	2	2931.4		13:20:35
341	IF1106	卖	开仓	全部成交	2932.6	2	2	2932.6		13:20:53
342	IF1106	买	平仓	全部成交	2931.4	2	2	2931.4		13:21:00
343	IF1106	卖	开仓	全部成交	2931.6	2	2	2931.6		13:21:08
344	IF1106	买	平仓	已撤单	2930.2	2	0	—		13:21:17
345	IF1106	买	平仓	全部成交	2931	2	2	2931		13:21:30
346	IF1106	买	开仓	全部成交	2930.6	2	2	2930.6		13:22:27
347	IF1106	卖	平仓	全部成交	2930.8	2	2	2930.8		13:22:34
348	IF1106	买	开仓	已撤单	2930.2	2	0	—		13:25:43
349	IF1106	买	开仓	全部成交	2931.2	2	2	2931.2		13:26:25
350	IF1106	卖	平仓	全部成交	2932.4	2	2	2932.4		13:26:36
351	IF1106	买	开仓	已撤单	2932.2	2	0	—		13:27:41
352	IF1106	买	开仓	全部成交	2932.6	2	2	2932.6		13:27:44
353	IF1106	卖	平仓	全部成交	2933	2	2	2933.4		13:27:49
354	IF1106	买	开仓	全部成交	2933.4	2	2	2933.4		13:28:00
355	IF1106	卖	平仓	全部成交	2934.8	2	2	2934.8		13:28:08
356	IF1106	卖	开仓	已撤单	2934.6	2	0	—		13:28:24
357	IF1106	卖	开仓	全部成交	2934.2	2	2	2934.2		13:28:27

续表

序号	合约	买卖	开平	挂单状态	报单价格	报单	成交	成交均价	总盈亏	报单时间
358	IF1106	买	平仓	全部成交	2933.8	2	2	2933.7		13:28:44
359	IF1106	买	开仓	全部成交	2933.8	2	2	2933.8		13:30:09
360	IF1106	卖	平仓	全部成交	2933.6	2	2	2933.6		13:30:17
361	IF1106	卖	开仓	全部成交	2933.2	2	2	2933.2		13:30:25
362	IF1106	买	平仓	全部成交	2932	2	2	2932		13:30:32
363	IF1106	买	开仓	全部成交	2930.6	2	2	2930.6		13:31:41
364	IF1106	卖	平仓	全部成交	2930.6	2	2	2930.6		13:31:58
365	IF1106	卖	开仓	全部成交	2930.6	2	2	2930.6		13:32:51
366	IF1106	买	平仓	全部成交	2929.8	2	2	2929.8		13:32:59
367	IF1106	买	开仓	已撤单	2930.8	2	0	—		13:36:15
368	IF1106	卖	开仓	全部成交	2930.6	2	2	2930.6		13:36:29
369	IF1106	买	平仓	全部成交	2931.2	2	2	2931.2		13:36:35
370	IF1106	买	开仓	全部成交	2931.4	2	2	2931.4		13:36:42
371	IF1106	卖	平仓	全部成交	2932	2	2	2932		13:36:52
372	IF1106	卖	开仓	已撤余单	2930.2	2	1	2930.2		13:37:13
373	IF1106	买	平仓	全部成交	2929.2	1	1	2929.2		13:37:19
374	IF1106	买	开仓	全部成交	2930.2	2	2	2930.2		13:37:48
375	IF1106	卖	平仓	全部成交	2930.6	2	2	2930.6		13:38:10
376	IF1106	买	开仓	已撤单	2930.2	2	0	—		13:38:15
377	IF1106	买	开仓	已撤单	2931	2	0	—		13:38:18
378	IF1106	买	开仓	全部成交	2931.8	2	2	2931.8		13:38:20
379	IF1106	买	开仓	已撤单	2931.6	2	0	—		13:38:20
380	IF1106	卖	平仓	全部成交	2932.4	2	2	2932.4		13:38:29
381	IF1106	买	开仓	已撤单	2931.6	2	0	—		13:38:40
382	IF1106	买	开仓	已撤单	2932.8	2	0	—		13:39:16
383	IF1106	买	开仓	全部成交	2933.4	2	2	2933.4		13:39:17
384	IF1106	卖	平仓	全部成交	2934.6	2	2	2934.6		13:39:24
385	IF1106	买	开仓	全部成交	2934	2	2	2934		13:40:06
386	IF1106	卖	平仓	全部成交	2934.8	2	2	2935		13:40:09
387	IF1106	卖	开仓	已撤单	2934.2	2	0	—		13:40:12

续表

序号	合约	买卖	开平	挂单状态	报单价格	报单	成交	成交均价	总盈亏	报单时间
388	IF1106	买	开仓	已撤余单	2934.6	2	1	2934.6		13:40:57
389	IF1106	卖	平仓	全部成交	2935	1	1	2935		13:41:05
390	IF1106	卖	开仓	全部成交	2934.4	2	2	2934.4		13:41:09
391	IF1106	买	平仓	全部成交	2934	2	2	2934		13:41:23
392	IF1106	卖	开仓	全部成交	2933.6	2	2	2933.6		13:42:08
393	IF1106	买	平仓	全部成交	2932.6	2	2	2932.6		13:42:14
394	IF1106	买	开仓	全部成交	2932.2	2	2	2932.2		13:44:22
395	IF1106	卖	平仓	全部成交	2932	2	2	2932		13:44:30
396	IF1106	买	开仓	全部成交	2932.2	2	2	2932.2		13:45:03
397	IF1106	卖	平仓	已撤余单	2932.4	2	1	2932.4		13:45:11
398	IF1106	卖	平仓	全部成交	2931.8	1	1	2931.8		13:45:19
399	IF1106	卖	开仓	全部成交	2931.8	2	2	2931.8		13:45:20
400	IF1106	买	平仓	全部成交	2931.6	2	2	2931.6		13:45:27
401	IF1106	买	开仓	全部成交	2932	2	2	2932		13:45:35
402	IF1106	卖	平仓	全部成交	2931.6	2	2	2931.6		13:45:39
403	IF1106	卖	开仓	全部成交	2931.4	2	2	2931.4		13:45:41
404	IF1106	买	平仓	全部成交	2929.8	2	2	2929.8		13:46:02
405	IF1106	买	开仓	全部成交	2929.2	2	2	2929.2		13:46:43
406	IF1106	卖	平仓	全部成交	2929.2	2	2	2929.2		13:46:48
407	IF1106	卖	开仓	全部成交	2927.6	2	2	2927.6		13:46:57
408	IF1106	买	平仓	已撤单	2927	2	0	—		13:47:00
409	IF1106	买	平仓	已撤单	2927.4	2	0	—		13:47:02
410	IF1106	买	平仓	已撤单	2928	2	0	—		13:47:07
411	IF1106	买	平仓	全部成交	2928.2	2	2	2928.2		13:47:10
412	IF1106	卖	开仓	全部成交	2926.6	2	2	2926.6		13:47:47
413	IF1106	买	平仓	全部成交	2926.2	2	2	2926.2		13:47:52
414	IF1106	买	开仓	已撤余单	2926.8	2	1	2926.8		13:48:11
415	IF1106	卖	平仓	全部成交	2927.8	1	1	2927.8		13:48:18
416	IF1106	买	开仓	全部成交	2928.6	2	2	2928.6		13:49:31
417	IF1106	卖	平仓	全部成交	2928.8	2	2	2928.8		13:49:39

续表

序号	合约	买卖	开平	挂单状态	报单价格	报单	成交	成交均价	总盈亏	报单时间
418	IF1106	卖	开仓	全部成交	2928.6	2	2	2928.6		13:50:00
419	IF1106	买	平仓	全部成交	2927.8	2	2	2927.6		13:50:17
420	IF1106	买	开仓	全部成交	2929.2	2	2	2929.2		13:51:14
421	IF1106	卖	平仓	全部成交	2929.4	2	2	2929.4		13:51:18
422	IF1106	买	开仓	已撤单	2929.8	2	0	—		13:52:09
423	IF1106	卖	开仓	全部成交	2937.8	2	2	2937.8		13:52:20
424	IF1106	买	平仓	全部成交	2938.8	2	2	2938.8		13:52:22
425	IF1106	买	开仓	全部成交	2939	2	2	2939		13:52:50
426	IF1106	卖	平仓	全部成交	2942.4	2	2	2942.4		13:52:55
427	IF1106	卖	开仓	全部成交	2939.6	2	2	2939.4		13:53:30
428	IF1106	买	平仓	全部成交	2940.2	2	2	2940.2		13:53:36
429	IF1106	卖	平仓	全部成交	2941.4	4	4	2941.4		13:53:40
430	IF1106	买	开仓	已撤单	2942.6	2	0	—		13:53:49
431	IF1106	买	开仓	全部成交	2943.6	2	2	2943.6		13:53:50
432	IF1106	卖	平仓	全部成交	2944.6	2	2	2944.6		13:53:53
433	IF1106	卖	开仓	全部成交	2944	2	2	2944		13:53:56
434	IF1106	买	平仓	全部成交	2944.2	2	2	2944.2		13:54:00
435	IF1106	卖	开仓	全部成交	2946	3	3	2946		13:54:09
436	IF1106	买	平仓	全部成交	2944.2	3	3	2944.2		13:54:17
437	IF1106	卖	开仓	全部成交	2943.4	3	3	2943.4		13:55:11
438	IF1106	买	平仓	全部成交	2943.2	3	3	2943.2		13:55:22
439	IF1106	买	开仓	全部成交	2944	3	3	2944		13:55:30
440	IF1106	卖	平仓	已撤单	2944.8	3	0	—		13:55:36
441	IF1106	卖	平仓	已撤余单	2944.4	3	1	2944.4		13:55:38
442	IF1106	卖	平仓	全部成交	2944	2	2	2944		13:55:40
443	IF1106	卖	开仓	全部成交	2943.8	3	3	2943.8		13:55:46
444	IF1106	买	平仓	全部成交	2942.8	3	3	2942.8		13:55:58
445	IF1106	卖	开仓	全部成交	2942.4	3	3	2942.4		13:56:04
446	IF1106	买	平仓	全部成交	2941.6	3	3	2941.6		13:56:17
447	IF1106	买	开仓	全部成交	2942	2	2	2942		13:56:41

续表

序号	合约	买卖	开平	挂单状态	报单价格	报单	成交	成交均价	总盈亏	报单时间
448	IF1106	卖	平仓	全部成交	2941.8	2	2	2941.8		13:56:48
449	IF1106	卖	开仓	已撤单	2940.8	2	0	-		14:00:30
450	IF1106	买	开仓	全部成交	2941	2	2	2941		14:00:41
451	IF1106	卖	平仓	全部成交	2941	2	2	2941		14:00:51
452	IF1106	卖	开仓	全部成交	2940.8	2	2	2940.8		14:00:54
453	IF1106	买	平仓	已撤单	2940.2	2	0	-		14:01:05
454	IF1106	买	平仓	已撤单	2941.2	2	0	-		14:01:15
455	IF1106	买	平仓	全部成交	2941.8	2	2	2941.8		14:01:16
456	IF1106	买	开仓	全部成交	2942	2	2	2942		14:01:17
457	IF1106	卖	平仓	全部成交	2942.4	2	2	2942.4		14:01:20
458	IF1106	卖	开仓	已撤单	2941.6	2	0	-		14:01:26
459	IF1106	卖	开仓	全部成交	2940	2	2	2940		14:01:50
460	IF1106	买	平仓	全部成交	2940.2	2	2	2940		14:01:54
461	IF1106	卖	开仓	全部成交	2940.6	2	2	2940.6		14:02:23
462	IF1106	买	平仓	全部成交	2940.8	2	2	2940.8		14:02:32
463	IF1106	买	开仓	全部成交	2940.8	2	2	2940.8		14:02:33
464	IF1106	卖	平仓	全部成交	2941.6	2	2	2941.6		14:02:37
465	IF1106	买	开仓	全部成交	2941.8	2	2	2941.8		14:02:43
466	IF1106	卖	平仓	全部成交	2942.2	2	2	2942.2		14:02:48
467	IF1106	买	开仓	全部成交	2941.6	2	2	2941.6		14:03:19
468	IF1106	卖	平仓	全部成交	2942.2	2	2	2942.4		14:03:22
469	IF1106	买	开仓	全部成交	2942	2	2	2942		14:03:28
470	IF1106	卖	平仓	已撤单	2944.4	2	0	-		14:03:43
471	IF1106	卖	平仓	已撤单	2944.2	2	0	-		14:03:45
472	IF1106	卖	平仓	全部成交	2943	2	2	2943		14:03:48
473	IF1106	卖	开仓	全部成交	2941.8	2	2	2941.8		14:03:57
474	IF1106	买	平仓	已撤单	2941.8	2	0	-		14:04:12
475	IF1106	买	平仓	全部成交	2942	2	2	2942		14:04:13
476	IF1106	卖	开仓	已撤单	2942.6	2	0	-		14:04:26
477	IF1106	卖	开仓	全部成交	2941.6	2	2	2941.6		14:04:33

续表

序号	合约	买卖	开平	挂单状态	报单价格	报单	成交	成交均价	总盈亏	报单时间
478	IF1106	卖	开仓	全部成交	2941.4	2	2	2941.4		14:04:36
479	IF1106	买	平仓	全部成交	2941.4	4	4	2941.4		14:04:45
480	IF1106	卖	开仓	已撤单	2940.8	2	0	-		14:04:59
481	IF1106	卖	开仓	全部成交	2940.4	2	2	2940.4		14:05:00
482	IF1106	买	平仓	全部成交	2939.8	2	2	2939.8		14:05:06
483	IF1106	卖	开仓	全部成交	2940.4	2	2	2940.4		14:05:11
484	IF1106	买	平仓	全部成交	2941	2	2	2941.2		14:05:13
485	IF1106	卖	开仓	全部成交	2939.4	2	2	2939.4		14:05:24
486	IF1106	卖	开仓	全部成交	2939.2	2	2	2939.2		14:05:27
487	IF1106	买	平仓	全部成交	2939.2	4	4	2939.15		14:05:32
488	IF1106	卖	开仓	已撤单	2939.4	2	0	-		14:05:41
489	IF1106	卖	开仓	全部成交	2939.8	3	3	2939.8		14:08:11
490	IF1106	买	平仓	全部成交	2940.4	3	3	2940.4		14:08:17
491	IF1106	卖	开仓	全部成交	2942.4	3	3	2942.4		14:09:06
492	IF1106	买	开仓	已撤单	2942	3	0	-		14:09:06
493	IF1106	买	平仓	已撤单	2943	3	0	-		14:09:12
494	IF1106	卖	平仓	已撤单	2942.4	3	0	-		14:09:14
495	IF1106	买	平仓	全部成交	2942	3	3	2942		14:09:18
496	IF1106	卖	开仓	已撤单	2940	3	0	-		14:10:01
497	IF1106	卖	开仓	全部成交	2939.4	3	3	2939.4		14:10:03
498	IF1106	买	平仓	全部成交	2938.2	3	3	2938.2		14:10:07
499	IF1106	卖	开仓	全部成交	2936.8	3	3	2936.8		14:10:38
500	IF1106	卖	平仓	全部成交	2936.6	3	3	2936.8		14:10:41
501	IF1106	买	开仓	全部成交	2937	3	3	2937		14:11:09
502	IF1106	卖	平仓	已撤余单	2937.6	3	1	2937.6		14:11:14
503	IF1106	卖	平仓	全部成交	2937.2	2	2	2937.2		14:11:16
504	IF1106	卖	开仓	全部成交	2936.6	3	3	2936.6		14:11:47
505	IF1106	买	平仓	全部成交	2936.2	3	3	2936.2		14:11:59
506	IF1106	买	开仓	全部成交	2937.6	3	3	2937.6		14:13:24
507	IF1106	卖	平仓	全部成交	2937.2	3	3	2937.2		14:13:33

续表

序号	合约	买卖	开平	挂单状态	报单价格	报单	成交	成交均价	总盈亏	报单时间
508	IF1106	卖	开仓	已撤单	2936.8	3	0	-		14:14:13
509	IF1106	卖	开仓	全部成交	2936	3	3	2936		14:14:29
510	IF1106	买	开仓	已撤单	2936.2	3	0	-		14:14:40
511	IF1106	买	平仓	全部成交	2936.2	3	3	2936.2		14:14:40
512	IF1106	买	开仓	全部成交	2939.2	3	3	2939.2		14:16:17
513	IF1106	卖	平仓	全部成交	2939.4	3	3	2939.4		14:16:23
514	IF1106	买	开仓	全部成交	2939.8	3	3	2939.8		14:16:31
515	IF1106	卖	平仓	已撤单	2939.6	3	0	-		14:16:38
516	IF1106	卖	平仓	全部成交	2938.6	3	3	2938.6		14:16:42
517	IF1106	卖	开仓	已撤单	2938.6	3	0	-		14:17:28
518	IF1106	买	开仓	全部成交	2939.6	3	3	2939.6		14:17:46
519	IF1106	卖	平仓	已撤单	2940.8	3	0	-		14:17:50
520	IF1106	卖	平仓	已撤单	2940.8	3	0	-		14:17:59
521	IF1106	卖	平仓	全部成交	2940.4	3	3	2940.4		14:18:02
522	IF1106	买	开仓	已撤单	2940.4	3	0	-		14:18:34
523	IF1106	买	开仓	已撤余单	2941.2	3	1	2941.2		14:18:45
524	IF1106	卖	平仓	全部成交	2941.8	1	1	2941.8		14:18:48
525	IF1106	卖	开仓	全部成交	2943.4	3	3	2943.4		14:20:59
526	IF1106	买	平仓	全部成交	2942.2	3	3	2942.2		14:21:04
527	IF1106	买	开仓	全部成交	2943.4	3	3	2943.4		14:23:04
528	IF1106	卖	平仓	已撤单	2943.2	3	0	-		14:23:08
529	IF1106	卖	平仓	全部成交	2942.6	3	3	2942.6		14:23:14
530	IF1106	买	开仓	全部成交	2943	3	3	2943		14:23:30
531	IF1106	卖	平仓	全部成交	2943.4	3	3	2943.4	1.2	14:23:39
532	IF1106	买	开仓	全部成交	2943.8	3	3	2943.8		14:23:44
533	IF1106	卖	平仓	全部成交	2944.4	3	3	2944.4	1.8	14:23:49
534	IF1106	买	开仓	已撤单	2947.8	3	0	-		14:24:01
535	IF1106	卖	开仓	已撤单	2947.8	3	0	-		14:24:05
536	IF1106	买	开仓	全部成交	2947.6	3	3	2947.6		14:25:06
537	IF1106	卖	平仓	全部成交	2949.4	3	3	2949.4	5.4	14:25:10

续表

序号	合约	买卖	开平	挂单状态	报单价格	报单	成交	成交均价	总盈亏	报单时间
538	IF1106	卖	开仓	已撤单	2950.4	3	0	-		14:25:18
539	IF1106	买	开仓	已撤单	2950.8	3	0	-		14:25:28
540	IF1106	卖	开仓	全部成交	2951	3	3	2951.4		14:25:31
541	IF1106	买	平仓	全部成交	2949.8	3	3	2949.6	5.4	14:25:40
542	IF1106	买	开仓	全部成交	2951	3	3	2951		14:25:50
543	IF1106	卖	平仓	已撤单	2952.6	3	0	-		14:25:57
544	IF1106	卖	平仓	全部成交	2951.8	3	3	2951.8	2.4	14:25:59
545	IF1106	买	开仓	全部成交	2952.4	3	3	2952.4		14:26:03
546	IF1106	卖	平仓	全部成交	2953	3	3	2953	1.8	14:26:07
547	IF1106	买	开仓	全部成交	2953	3	3	2953		14:26:23
548	IF1106	卖	平仓	全部成交	2953.4	3	3	2953.4	1.2	14:26:28
549	IF1106	买	开仓	全部成交	2953	3	3	2953		14:26:32
550	IF1106	买	平仓	全部成交	2953.8	3	3	2953.8	-3.6	14:26:36
551	IF1106	卖	开仓	全部成交	2955	3	3	2955		14:26:42
552	IF1106	买	平仓	全部成交	2954	3	3	2954	3	14:26:46
553	IF1106	卖	开仓	已撤单	2954.2	3	0	-		14:27:07
554	IF1106	卖	开仓	已撤余单	2953.8	3	2	2953.8		14:27:08
555	IF1106	买	平仓	全部成交	2952.2	2	2	2952.2	3.2	14:27:22

附录二

一份典型的结算账单

■■期货有限公司   制表时间：20100824

交易结算单(盯市)

客户号：■■■■   客户名称：■■■■
日期：20100824

资金状况

期初结存：	187816.62	交割手续费：	0.00	交割保证金：	0.00
出入金：	0.00	期末结存：	203797.76	可用资金：	203797.76
平仓盈亏：	23340.00	质押金：	0.00	风险度：	0.00%
持仓盯市盈亏：	0.00	客户权益：	203797.76	应追加资金：	0.00
手续费：	7358.86	保证金占用：	0.00	基础保证金：	0.00
质押变化金额：	0.00				

成交纪录

成交日期	交易所	品种	交割期	买卖	投保	成交价	手数	成交额	开平	手续费	平仓盈亏	成交序号
20100824	中金所	沪深300指数	1009	买	投	2956.60	1	886680.00	平	47.11	-1260.00	100270
20100824	中金所	沪深300指数	1009	买	投	2955.60	1	886680.00	开	47.11	0.00	100329
20100824	中金所	沪深300指数	1009	买	投	2955.60	1	886680.00	开	47.11	0.00	100649
20100824	中金所	沪深300指数	1009	卖	投	2954.60	1	886380.00	开	47.09	0.00	101762
20100824	中金所	沪深300指数	1009	买	投	2950.40	1	885120.00	平	47.03	1260.00	102032
20100824	中金所	沪深300指数	1009	买	投	2884.60	1	865380.00	开	46.00	0.00	10468
20100824	中金所	沪深300指数	1009	买	投	2887.20	1	866160.00	平	46.04	780.00	10875
20100824	中金所	沪深300指数	1009	买	投	2953.80	1	886140.00	开	47.08	0.00	113339
20100824	中金所	沪深300指数	1009	卖	投	2954.00	1	886200.00	平	47.08	60.00	113738
20100824	中金所	沪深300指数	1009	买	投	2954.80	1	886440.00	开	47.09	0.00	114301
20100824	中金所	沪深300指数	1009	卖	投	2953.60	1	886080.00	平	47.08	360.00	114367
20100824	中金所	沪深300指数	1009	买	投	2956.80	1	887040.00	开	47.13	0.00	119356
20100824	中金所	沪深300指数	1009	卖	投	2952.80	1	885840.00	平	47.06	1200.00	119564
20100824	中金所	沪深300指数	1009	买	投	2948.20	1	884460.00	开	46.99	0.00	122870
20100824	中金所	沪深300指数	1009	卖	投	2948.60	1	884580.00	平	47.00	120.00	123449
20100824	中金所	沪深300指数	1009	买	投	2940.80	1	882240.00	开	46.88	0.00	131415
20100824	中金所	沪深300指数	1009	买	投	2942.60	1	882780.00	平	46.90	-540.00	132203
20100824	中金所	沪深300指数	1009	买	投	2943.60	1	883080.00	开	46.92	0.00	133065
20100824	中金所	沪深300指数	1009	卖	投	2940.60	1	882180.00	平	46.87	900.00	133904
20100824	中金所	沪深300指数	1009	买	投	2939.00	1	881700.00	开	46.85	0.00	134223
20100824	中金所	沪深300指数	1009	卖	投	2935.40	1	880620.00	平	46.79	1080.00	135025
20100824	中金所	沪深300指数	1009	买	投	2933.40	1	880020.00	开	46.76	0.00	135478
20100824	中金所	沪深300指数	1009	买	投	2934.80	1	880440.00	平	46.78	-420.00	136715
20100824	中金所	沪深300指数	1009	买	投	2932.60	1	879780.00	开	46.75	0.00	137674
20100824	中金所	沪深300指数	1009	卖	投	2934.80	1	880440.00	平	46.78	600.00	138118
20100824	中金所	沪深300指数	1009	买	投	2932.20	1	879660.00	开	46.74	0.00	145751
20100824	中金所	沪深300指数	1009	卖	投	2935.00	1	880500.00	平	46.79	840.00	145952
20100824	中金所	沪深300指数	1009	买	投	2931.20	1	879360.00	开	46.73	0.00	148376
20100824	中金所	沪深300指数	1009	卖	投	2930.80	1	879240.00	平	46.72	120.00	149236
20100824	中金所	沪深300指数	1009	买	投	2931.20	1	879360.00	开	46.73	0.00	149295
20100824	中金所	沪深300指数	1009	卖	投	2932.60	1	879780.00	平	46.75	420.00	149406
20100824	中金所	沪深300指数	1009	买	投	2930.20	1	879060.00	开	46.71	0.00	149737
20100824	中金所	沪深300指数	1009	卖	投	2928.80	1	878640.00	平	46.69	420.00	150302
20100824	中金所	沪深300指数	1009	买	投	2936.60	1	880980.00	开	46.81	0.00	154814
20100824	中金所	沪深300指数	1009	卖	投	2938.00	1	881400.00	平	46.83	-420.00	155129
20100824	中金所	沪深300指数	1009	买	投	2938.40	1	881520.00	开	46.84	0.00	155190
20100824	中金所	沪深300指数	1009	卖	投	2935.60	1	880680.00	平	46.80	-840.00	156332
20100824	中金所	沪深300指数	1009	买	投	2936.00	1	880800.00	开	46.80	0.00	156809
20100824	中金所	沪深300指数	1009	卖	投	2934.60	1	880380.00	平	46.78	-420.00	157277
20100824	中金所	沪深300指数	1009	买	投	2934.80	1	880440.00	开	46.78	0.00	157513
20100824	中金所	沪深300指数	1009	卖	投	2935.40	1	880620.00	平	46.79	180.00	157637
20100824	中金所	沪深300指数	1009	买	投	2931.80	1	879540.00	开	46.74	0.00	158252
20100824	中金所	沪深300指数	1009	卖	投	2932.40	1	879720.00	平	46.75	180.00	158534
20100824	中金所	沪深300指数	1009	买	投	2931.60	1	879480.00	开	46.73	0.00	158618
20100824	中金所	沪深300指数	1009	卖	投	2928.50	1	878580.00	平	46.69	900.00	159502
20100824	中金所	沪深300指数	1009	买	投	2929.40	1	878820.00	开	46.70	0.00	159871
20100824	中金所	沪深300指数	1009	卖	投	2932.20	1	879660.00	平	46.72	840.00	160590
20100824	中金所	沪深300指数	1009	买	投	2928.60	1	878580.00	开	46.69	0.00	161445
20100824	中金所	沪深300指数	1009	卖	投	2931.00	1	879300.00	平	46.72	-720.00	161930
20100824	中金所	沪深300指数	1009	卖	投	2930.40	1	879120.00	开	46.71	0.00	162116
20100824	中金所	沪深300指数	1009	买	投	2929.60	1	878880.00	平	46.70	240.00	162521
20100824	中金所	沪深300指数	1009	卖	投	2932.60	1	879780.00	开	46.75	0.00	163186
20100824	中金所	沪深300指数	1009	买	投	2936.40	1	880920.00	平	46.81	1140.00	164014
20100824	中金所	沪深300指数	1009	卖	投	2936.00	1	880800.00	开	46.80	0.00	164150
20100824	中金所	沪深300指数	1009	买	投	2935.60	1	880680.00	平	46.80	120.00	164275
20100824	中金所	沪深300指数	1009	买	投	2935.80	1	880740.00	开	46.80	0.00	166046
20100824	中金所	沪深300指数	1009	买	投	2881.20	1	864360.00	平	45.95	0.00	16693
20100824	中金所	沪深300指数	1009	卖	投	2937.60	1	881280.00	平	46.83	540.00	166974
20100824	中金所	沪深300指数	1009	卖	投	2940.00	1	882000.00	开	46.86	0.00	167964
20100824	中金所	沪深300指数	1009	买	投	2937.80	1	881340.00	平	46.83	660.00	168360

20100824	中金所	沪深300指数	1009	卖	投	2882.60	1	864780.00	平	45.97	420.00	16848
20100824	中金所	沪深300指数	1009	买	投	2940.60	1	882180.00	开	46.87	0.00	169538
20100824	中金所	沪深300指数	1009	卖	投	2945.00	1	883500.00	平	46.94	1320.00	170265
20100824	中金所	沪深300指数	1009	买	投	2933.80	1	880140.00	开	46.77	0.00	176585
20100824	中金所	沪深300指数	1009	卖	投	2934.40	1	880320.00	平	46.78	180.00	176867
20100824	中金所	沪深300指数	1009	买	投	2932.00	1	879600.00	开	46.74	0.00	177691
20100824	中金所	沪深300指数	1009	卖	投	2932.60	1	879780.00	平	46.75	180.00	177864
20100824	中金所	沪深300指数	1009	买	投	2931.20	1	879360.00	开	46.73	0.00	178229
20100824	中金所	沪深300指数	1009	卖	投	2928.20	1	878460.00	平	46.68	900.00	178962
20100824	中金所	沪深300指数	1009	买	投	2929.20	1	878760.00	开	46.70	0.00	179024
20100824	中金所	沪深300指数	1009	卖	投	2930.20	1	879060.00	平	46.71	300.00	179345
20100824	中金所	沪深300指数	1009	买	投	2927.20	1	878160.00	开	46.66	0.00	180675
20100824	中金所	沪深300指数	1009	卖	投	2924.40	1	877320.00	平	46.62	840.00	181497
20100824	中金所	沪深300指数	1009	买	投	2923.40	1	877020.00	开	46.61	0.00	182628
20100824	中金所	沪深300指数	1009	卖	投	2925.20	1	877560.00	平	46.63	540.00	182977
20100824	中金所	沪深300指数	1009	买	投	2920.80	1	876240.00	开	46.56	0.00	187851
20100824	中金所	沪深300指数	1009	卖	投	2922.00	1	876600.00	平	46.58	360.00	188281
20100824	中金所	沪深300指数	1009	买	投	2920.60	1	876180.00	开	46.56	0.00	188552
20100824	中金所	沪深300指数	1009	卖	投	2919.00	1	875700.00	平	46.54	480.00	189018
20100824	中金所	沪深300指数	1009	买	投	2917.40	1	875220.00	开	46.51	0.00	189862
20100824	中金所	沪深300指数	1009	卖	投	2919.20	1	875760.00	平	46.54	540.00	190359
20100824	中金所	沪深300指数	1009	买	投	2917.20	1	875160.00	开	46.51	0.00	191435
20100824	中金所	沪深300指数	1009	卖	投	2919.60	1	875580.00	平	46.53	420.00	191741
20100824	中金所	沪深300指数	1009	买	投	2877.60	1	863220.00	开	45.89	0.00	195840
20100824	中金所	沪深300指数	1009	卖	投	2917.20	1	875160.00	平	46.51	0.00	198306
20100824	中金所	沪深300指数	1009	买	投	2915.20	1	874560.00	开	46.48	600.00	199033
20100824	中金所	沪深300指数	1009	卖	投	2880.20	1	864060.00	平	45.93	840.00	199300
20100824	中金所	沪深300指数	1009	买	投	2910.20	1	873060.00	开	46.40	0.00	199947
20100824	中金所	沪深300指数	1009	卖	投	2911.20	1	873360.00	平	46.41	300.00	200488
20100824	中金所	沪深300指数	1009	买	投	2909.80	1	872940.00	开	46.39	0.00	201066
20100824	中金所	沪深300指数	1009	卖	投	2909.60	1	872880.00	平	46.39	60.00	201251
20100824	中金所	沪深300指数	1009	买	投	2907.60	1	872280.00	开	46.36	0.00	201630
20100824	中金所	沪深300指数	1009	卖	投	2909.60	1	872880.00	平	46.39	600.00	202021
20100824	中金所	沪深300指数	1009	买	投	2915.00	1	874500.00	开	46.47	0.00	207167
20100824	中金所	沪深300指数	1009	卖	投	2914.60	1	874380.00	平	46.47	120.00	207269
20100824	中金所	沪深300指数	1009	买	投	2882.00	1	864600.00	开	45.96	0.00	28471
20100824	中金所	沪深300指数	1009	卖	投	2881.80	1	864540.00	平	45.96	60.00	28606
20100824	中金所	沪深300指数	1009	买	投	2901.60	1	870480.00	开	46.26	0.00	3681
20100824	中金所	沪深300指数	1009	卖	投	2893.20	1	867960.00	平	46.13	0.00	37118
20100824	中金所	沪深300指数	1009	买	投	2891.60	1	867480.00	开	46.11	480.00	37393
20100824	中金所	沪深300指数	1009	卖	投	2902.80	1	870840.00	平	46.28	360.00	3918
20100824	中金所	沪深300指数	1009	买	投	2900.80	1	870240.00	开	46.25	0.00	4326
20100824	中金所	沪深300指数	1009	卖	投	2890.20	1	867060.00	平	46.09	0.00	44227
20100824	中金所	沪深300指数	1009	买	投	2900.00	1	870000.00	开	46.24	240.00	4448
20100824	中金所	沪深300指数	1009	卖	投	2891.40	1	867420.00	平	46.11	360.00	45144
20100824	中金所	沪深300指数	1009	买	投	2887.80	1	866340.00	开	46.05	0.00	47617
20100824	中金所	沪深300指数	1009	卖	投	2888.60	1	866580.00	平	46.06	240.00	47696
20100824	中金所	沪深300指数	1009	买	投	2886.40	1	865940.00	开	46.03	0.00	47927
20100824	中金所	沪深300指数	1009	卖	投	2886.20	1	865860.00	平	46.02	180.00	48265
20100824	中金所	沪深300指数	1009	买	投	2885.60	1	865680.00	开	46.02	0.00	48895
20100824	中金所	沪深300指数	1009	卖	投	2883.80	1	865140.00	平	45.99	-540.00	50077
20100824	中金所	沪深300指数	1009	买	投	2893.80	1	868140.00	开	46.14	0.00	53458
20100824	中金所	沪深300指数	1009	卖	投	2895.60	1	868680.00	平	46.17	-540.00	53877
20100824	中金所	沪深300指数	1009	买	投	2896.60	1	868980.00	开	46.19	0.00	53983
20100824	中金所	沪深300指数	1009	卖	投	2899.00	1	869700.00	平	46.22	720.00	54980
20100824	中金所	沪深300指数	1009	买	投	2898.00	1	869400.00	开	46.21	0.00	56012
20100824	中金所	沪深300指数	1009	卖	投	2902.40	1	870720.00	平	46.28	0.00	5605
20100824	中金所	沪深300指数	1009	买	投	2901.60	1	870480.00	开	46.26	-1080.00	58068
20100824	中金所	沪深300指数	1009	卖	投	2901.00	1	870300.00	平	46.26	0.00	58110
20100824	中金所	沪深300指数	1009	买	投	2901.40	1	870420.00	开	46.26	300.00	5834
20100824	中金所	沪深300指数	1009	卖	投	2904.80	1	871440.00	平	46.31	1140.00	59405
20100824	中金所	沪深300指数	1009	买	投	2902.60	1	870780.00	开	46.28	0.00	59535
20100824	中金所	沪深300指数	1009	卖	投	2902.20	1	870660.00	平	46.27	120.00	59616
20100824	中金所	沪深300指数	1009	买	投	2905.00	1	871500.00	开	46.32	0.00	68609
20100824	中金所	沪深300指数	1009	卖	投	2899.60	1	869880.00	平	46.23	0.00	6928
20100824	中金所	沪深300指数	1009	买	投	2905.60	1	871680.00	开	46.33	180.00	69739
20100824	中金所	沪深300指数	1009	卖	投	2897.00	1	869100.00	平	46.19	780.00	7217
20100824	中金所	沪深300指数	1009	买	投	2908.60	1	872580.00	开	46.37	0.00	72406
20100824	中金所	沪深300指数	1009	卖	投	2907.40	1	872100.00	平	46.35	480.00	72717
20100824	中金所	沪深300指数	1009	买	投	2912.00	1	873600.00	开	46.43	0.00	75663
20100824	中金所	沪深300指数	1009	卖	投	2913.20	1	873960.00	平	46.45	360.00	75904
20100824	中金所	沪深300指数	1009	买	投	2920.20	1	876060.00	开	46.56	0.00	77717
20100824	中金所	沪深300指数	1009	卖	投	2918.60	1	875580.00	平	46.55	60.00	78042
20100824	中金所	沪深300指数	1009	买	投	2921.40	1	876420.00	开	46.57	-840.00	78851
20100824	中金所	沪深300指数	1009	卖	投	2922.20	1	876660.00	平	46.58	0.00	78900
20100824	中金所	沪深300指数	1009	买	投	2922.80	1	876840.00	开	46.60	240.00	79838
20100824	中金所	沪深300指数	1009	卖	投	2922.60	1	876780.00	平	46.59	0.00	79853
20100824	中金所	沪深300指数	1009	买	投	2921.60	1	876480.00	开	46.58	300.00	79940
20100824	中金所	沪深300指数	1009	卖	投	2892.00	1	867600.00	平	46.12	0.00	8361
20100824	中金所	沪深300指数	1009	买	投	2893.00	1	867900.00	开	46.13	300.00	8606
20100824	中金所	沪深300指数	1009	卖	投	2891.40	1	867420.00	平	46.11	0.00	8828
20100824	中金所	沪深300指数	1009	买	投	2928.20	1	878460.00	开	46.68	0.00	89922
20100824	中金所	沪深300指数	1009	卖	投	2925.60	1	877680.00	平	46.64	-780.00	90235
20100824	中金所	沪深300指数	1009	买	投	2927.60	1	878280.00	开	46.67	0.00	90640
20100824	中金所	沪深300指数	1009	卖	投	2930.40	1	879120.00	平	46.71	840.00	91260
20100824	中金所	沪深300指数	1009	买	投	2891.00	1	867300.00	开	46.10	120.00	9239
20100824	中金所	沪深300指数	1009	卖	投	2934.40	1	880320.00	平	46.78	0.00	92478
20100824	中金所	沪深300指数	1009	买	投	2932.80	1	879840.00	开	46.75	480.00	92815
20100824	中金所	沪深300指数	1009	卖	投	2935.00	1	880500.00	平	46.79	0.00	93452
20100824	中金所	沪深300指数	1009	买	投	2936.00	1	880800.00	开	46.80	300.00	95381
20100824	中金所	沪深300指数	1009	卖	投	2936.00	1	880800.00	平	46.80	0.00	95436
20100824	中金所	沪深300指数	1009	买	投	2935.20	1	880560.00	开	46.79	240.00	95517
20100824	中金所	沪深300指数	1009	卖	投	2937.40	1	881220.00	平	46.82	0.00	95768
20100824	中金所	沪深300指数	1009	买	投	2939.40	1	881820.00	开	46.85	600.00	96339
20100824	中金所	沪深300指数	1009	卖	投	2945.20	1	883560.00	平	46.95	0.00	97615
20100824	中金所	沪深300指数	1009	买	投	2944.20	1	883260.00	开	46.93	300.00	98583
20100824	中金所	沪深300指数	1009	卖	投	2951.80	1	885540.00	开	47.05	0.00	99956

共 158 条   158 | 138478140.00 | 7358.86 | 23340.00

附录二 一份典型的结算账单

平仓明细

平仓日期	交易所	品种	交割期	开仓日期	买/卖	手数	开仓价	昨结算	成交价	平仓盈亏
20100824	中金所	沪深300指数	1009	20100824	买	1	2951.80	2909.40	2956.00	-1260.00
20100824	中金所	沪深300指数	1009	20100824	卖	1	2955.60	2909.40	2955.60	0.00
20100824	中金所	沪深300指数	1009	20100824	买	1	2954.60	2909.40	2958.80	1260.00
20100824	中金所	沪深300指数	1009	20100824	卖	1	2884.60	2909.40	2887.20	780.00
20100824	中金所	沪深300指数	1009	20100824	卖	1	2953.80	2909.40	2954.00	60.00
20100824	中金所	沪深300指数	1009	20100824	买	1	2954.80	2909.40	2953.60	360.00
20100824	中金所	沪深300指数	1009	20100824	卖	1	2956.80	2909.40	2952.80	1200.00
20100824	中金所	沪深300指数	1009	20100824	卖	1	2948.20	2909.40	2940.60	120.00
20100824	中金所	沪深300指数	1009	20100824	买	1	2940.80	2909.40	2942.60	-540.00
20100824	中金所	沪深300指数	1009	20100824	买	1	2943.60	2909.40	2940.60	900.00
20100824	中金所	沪深300指数	1009	20100824	买	1	2939.00	2909.40	2935.40	1080.00
20100824	中金所	沪深300指数	1009	20100824	卖	1	2933.40	2909.40	2934.80	-420.00
20100824	中金所	沪深300指数	1009	20100824	卖	1	2932.80	2909.40	2934.80	600.00
20100824	中金所	沪深300指数	1009	20100824	买	1	2932.20	2909.40	2935.00	840.00
20100824	中金所	沪深300指数	1009	20100824	买	1	2931.20	2909.40	2930.80	120.00
20100824	中金所	沪深300指数	1009	20100824	卖	1	2931.20	2909.40	2932.60	420.00
20100824	中金所	沪深300指数	1009	20100824	买	1	2930.20	2909.40	2928.80	420.00
20100824	中金所	沪深300指数	1009	20100824	买	1	2936.60	2909.40	2938.00	-420.00
20100824	中金所	沪深300指数	1009	20100824	卖	1	2938.40	2909.40	2935.60	-840.00
20100824	中金所	沪深300指数	1009	20100824	卖	1	2936.00	2909.40	2934.60	-420.00
20100824	中金所	沪深300指数	1009	20100824	卖	1	2934.80	2909.40	2935.40	180.00
20100824	中金所	沪深300指数	1009	20100824	买	1	2931.80	2909.40	2932.40	180.00
20100824	中金所	沪深300指数	1009	20100824	买	1	2928.60	2909.40	2931.60	900.00
20100824	中金所	沪深300指数	1009	20100824	卖	1	2929.40	2909.40	2932.20	840.00
20100824	中金所	沪深300指数	1009	20100824	买	1	2928.60	2909.40	2931.00	-720.00
20100824	中金所	沪深300指数	1009	20100824	买	1	2930.40	2909.40	2929.60	240.00
20100824	中金所	沪深300指数	1009	20100824	卖	1	2932.60	2909.40	2936.40	1140.00
20100824	中金所	沪深300指数	1009	20100824	买	1	2936.00	2909.40	2935.60	120.00
20100824	中金所	沪深300指数	1009	20100824	卖	1	2935.00	2909.40	2937.60	540.00
20100824	中金所	沪深300指数	1009	20100824	买	1	2940.00	2909.40	2937.80	660.00
20100824	中金所	沪深300指数	1009	20100824	卖	1	2881.20	2909.40	2882.60	420.00
20100824	中金所	沪深300指数	1009	20100824	卖	1	2940.60	2909.40	2945.00	1320.00
20100824	中金所	沪深300指数	1009	20100824	卖	1	2933.80	2909.40	2934.40	180.00
20100824	中金所	沪深300指数	1009	20100824	买	1	2932.00	2909.40	2932.60	180.00
20100824	中金所	沪深300指数	1009	20100824	买	1	2931.20	2909.40	2928.20	900.00
20100824	中金所	沪深300指数	1009	20100824	卖	1	2929.20	2909.40	2930.20	300.00
20100824	中金所	沪深300指数	1009	20100824	买	1	2927.20	2909.40	2924.40	840.00
20100824	中金所	沪深300指数	1009	20100824	卖	1	2923.60	2909.40	2925.20	540.00
20100824	中金所	沪深300指数	1009	20100824	卖	1	2920.80	2909.40	2922.00	360.00
20100824	中金所	沪深300指数	1009	20100824	买	1	2920.60	2909.40	2919.00	480.00
20100824	中金所	沪深300指数	1009	20100824	卖	1	2917.40	2909.40	2919.20	540.00
20100824	中金所	沪深300指数	1009	20100824	买	1	2917.20	2909.40	2918.60	420.00
20100824	中金所	沪深300指数	1009	20100824	买	1	2917.20	2909.40	2915.20	600.00
20100824	中金所	沪深300指数	1009	20100824	卖	1	2877.40	2909.40	2880.20	840.00
20100824	中金所	沪深300指数	1009	20100824	买	1	2910.20	2909.40	2911.20	300.00
20100824	中金所	沪深300指数	1009	20100824	卖	1	2909.40	2909.40	2909.60	60.00
20100824	中金所	沪深300指数	1009	20100824	卖	1	2907.60	2909.40	2909.60	600.00
20100824	中金所	沪深300指数	1009	20100824	买	1	2915.00	2909.40	2914.60	120.00
20100824	中金所	沪深300指数	1009	20100824	卖	1	2882.00	2909.40	2881.80	60.00
20100824	中金所	沪深300指数	1009	20100824	买	1	2893.20	2909.40	2891.60	480.00
20100824	中金所	沪深300指数	1009	20100824	卖	1	2901.60	2909.40	2902.80	360.00
20100824	中金所	沪深300指数	1009	20100824	买	1	2900.80	2909.40	2900.00	240.00
20100824	中金所	沪深300指数	1009	20100824	卖	1	2890.20	2909.40	2891.40	360.00
20100824	中金所	沪深300指数	1009	20100824	卖	1	2887.80	2909.40	2888.60	240.00
20100824	中金所	沪深300指数	1009	20100824	买	1	2886.80	2909.40	2886.20	180.00
20100824	中金所	沪深300指数	1009	20100824	买	1	2885.60	2909.40	2883.80	-540.00
20100824	中金所	沪深300指数	1009	20100824	买	1	2893.80	2909.40	2895.60	-540.00
20100824	中金所	沪深300指数	1009	20100824	卖	1	2896.60	2909.40	2899.00	720.00
20100824	中金所	沪深300指数	1009	20100824	买	1	2898.80	2909.40	2901.40	-1080.00
20100824	中金所	沪深300指数	1009	20100824	卖	1	2902.40	2909.40	2901.40	300.00
20100824	中金所	沪深300指数	1009	20100824	卖	1	2901.00	2909.40	2904.80	1140.00
20100824	中金所	沪深300指数	1009	20100824	买	1	2902.60	2909.40	2902.20	120.00
20100824	中金所	沪深300指数	1009	20100824	卖	1	2905.00	2909.40	2905.60	180.00
20100824	中金所	沪深300指数	1009	20100824	买	1	2899.60	2909.40	2897.00	780.00
20100824	中金所	沪深300指数	1009	20100824	卖	1	2908.60	2909.40	2907.00	480.00
20100824	中金所	沪深300指数	1009	20100824	买	1	2912.00	2909.40	2913.20	360.00
20100824	中金所	沪深300指数	1009	20100824	买	1	2920.20	2909.40	2920.00	60.00
20100824	中金所	沪深300指数	1009	20100824	卖	1	2922.80	2909.40	2921.40	-840.00
20100824	中金所	沪深300指数	1009	20100824	卖	1	2922.00	2909.40	2922.80	240.00
20100824	中金所	沪深300指数	1009	20100824	卖	1	2922.00	2909.40	2921.00	300.00
20100824	中金所	沪深300指数	1009	20100824	卖	1	2892.00	2909.40	2893.00	300.00
20100824	中金所	沪深300指数	1009	20100824	买	1	2928.20	2909.40	2925.60	-780.00
20100824	中金所	沪深300指数	1009	20100824	卖	1	2927.60	2909.40	2930.40	840.00
20100824	中金所	沪深300指数	1009	20100824	买	1	2891.00	2909.40	2890.60	120.00
20100824	中金所	沪深300指数	1009	20100824	买	1	2934.40	2909.40	2932.80	480.00
20100824	中金所	沪深300指数	1009	20100824	卖	1	2935.00	2909.40	2936.00	300.00
20100824	中金所	沪深300指数	1009	20100824	买	1	2936.00	2909.40	2935.20	240.00
20100824	中金所	沪深300指数	1009	20100824	卖	1	2937.60	2909.40	2939.40	600.00
20100824	中金所	沪深300指数	1009	20100824	买	1	2945.20	2909.40	2944.20	300.00
共 79条						79				23340.00